発刊にあたって

全日本児童音楽協会 会長
塚本 一実

子どもたちが「うみ」「チューリップ」「ぞうさん」など、数多くの素晴らしい童謡と共に時間を過ごすことは、人が創った、澄んだ美しい時間を過ごすということです。このような時間は、心洗われる多くの思い出を私たちに授けてくれます。本曲集はそういった子どもたちの時間に焦点を当て、現代社会に新たな問いかけを致します。

今回は、会員の作品をはじめとして、作詞コンクールの受賞作品や松村禎三作曲「ぼくが鳥になったら」などの掲載があり、盛りだくさんの曲集となっています。「名曲を見つけるのはどじょうすくいをするようなものだ」という先人の言葉があります。すくってもすくっても泥ばかり、と思いきや「どじょうがいる!」ということでしょう。名曲を生むのは聴衆であり演奏家です。長い時間を伴って名曲は現れます。「本曲集にどじょうが!」どうぞお楽しみください。

本曲集に続いて「夏の思い出」「荒城の月」「この道」などの曲へと子どもたちは導かれていくでしょう。子どもたちの輝く未来と大いなる成長を願っています。子どもたちが新しい音楽から得る力“Creativity”は、昨今のプログラミング教育に必ず反映されることでしょう。

本曲集がコンサートや学校、家庭などの1シーンでお役に立てることを夢見ています。

青い空と海の下で
2021年 春

目次

☆…第1回新しい子どものうた作詞コンクールすいか賞受賞作品

全日本児童音楽協会創立60周年記念 新しい子どものうた作詞コンクール

全日本児童音楽協会 創立60周年記念曲

※カッコ内は歌詞掲載ページを示す。

春の小さな芽

黒田勲子 作詞
石水 誠 作曲

作品へのコメント

ピアノは川辺の景色になったり、言葉に寄り添ったりしながら歌を助けてくれます。詩のイメージをピアノと一緒に表現してみてください。伴奏は余裕のあるテンポで、PPを保ちながら演奏してください。（石水 誠）

とう の は な が さ き まし た
pp
con anima
f
た い よ う の か が や き ピ カ ピ カ ひ と つ
con anima
cresc.
mf
dim.
Piu lento (♩= 72)
p
き み の え が お に お く り ま す
p
Tempo I
ゆ う き が う ま れ ま す よ ー ー に
pp

13
mp
か わ の
15
3
3
ほ と り に こ ん ぺ い と う の は な が
6
p
17
Lento (♩ = 63)
mp
さ き ま し た
ほ し の か が や き
8va
pp dolce
19
dolce
キ ラ キ ラ ひ と つ
き み の ゆ め に

21
Tempo I
mf
おくります
きぼう
dolce
pp
cresc.
23
f
が
うまれ
ますよう
molto
f
25
に
mf
con anima
27
appassionato
f
こんぺいとうのはなは
あいのはな
mp
p

29
mf
ひ か り か が や く め が
6
cresc.
6
4
31
riten. e dolce
dim.
a tempo
いっ ぱ い き み に と ど け ま す
pp
cresc.
33
dim.
35
p
pp

春の小さな芽

黒田勲子

川のほとりに
金ぺいとうの花が　咲きました
　太陽のかがやき
ピカピカ　ひとつ
きみの笑顔に　おくります
勇気が　うまれますように

川のほとりに
金ぺいとうの花が　咲きました
　星のかがやき
キラキラ　ひとつ
きみの夢に　おくります
希望が　うまれますように

金ぺいとうの花は　愛の花
ひかりかがやく芽が
いっぱい
　きみに　届けます

丘にのぼれば

小泉明子

丘にのぼれば
思い出す
草のしとねに腰かけて
肩をならべて
見た舟を

丘にのぼれば
なつかしい
あの日数えたカモメさん
今日は見えない
青い海

丘にのぼれば
よみがえる
あなたの好きなあの歌を
一人歌えば
声わびし

丘にのぼれば

小泉明子 作詞
小林聡羅 作曲

を
み
3.おかにのぼれば　よみがえー
る　あなたのすきな　あのうたを　ーひとりうたえば
こえわびし

くるった時計

小泉明子 作詞
久米詔子 作曲
久米詔子 編曲

作品へのコメント

みんなの家の時計が「おやつの時間」を忘れてしまったら・・・さあ大変だ！
リズムにのって、楽しく歌って下さいね。（久米詔子）

2021年2月20日（土）完成

10
みっ つ もなっ て
まっ て たさ んじ は
14
f
す どお りだ
こ まー るよ
おやつ のじ かんー を
f
17
わ すれ るなん て
20
mf
2. ネ ジ をま いて も ちょう し がわ るい
に ほん のは りは
mf

23
うごいているのに
26
なぜかおとがあわなくなったあしーたは
f
f
29
かあさんねぼうーをしないで
32
3
mf
f
8vb

くるった時計

小泉明子

どこかがくるった
ボンボン時計
一時にボーンが三ツもなって
まってた三時は素通りだ
困るよ
おやつの時間を忘れるなんて

ネジを巻いても
調子が悪い
二本の針は動いているのに
何故か音が合わなくなった
あしたは
かあさん　寝坊をしないで…

故郷のうた

小泉明子

故郷の川は
美しい流れ
ふと、見れば
音も無く
浮かぶ笹舟

故郷の山は
雄々しい姿
春の雪
残す頂き
きらり光っている

故郷の空は
いつも澄んでる
ふと、見とれる
深い青さよ
あっ吸い込まれそう

故郷のうた

小泉明子 作詞
藤元薫子 作曲

作品へのコメント

故郷の川、山、空は特別です。どれもみんな懐かしい匂いがします。詞はそれを伝えていると思います。伴奏の三連符の分散和音は波の音を表現しています。それに乗って歌ってみましょう。

本作品２ページ目の第８小節目は、歌詞にそってフレージングして歌いましょう。
　１番　ながれ、　ふとみれば
　２番　すがた、　はるのゆき
　３番　ふと、　みと　れーるー

（藤元薫子）

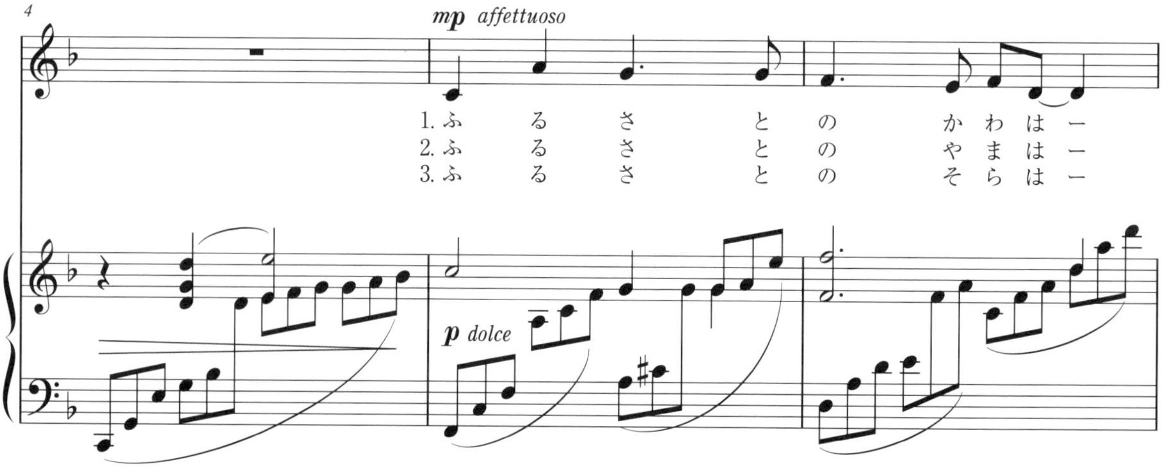

7
う つ く し い な が れ、ふ と み れ ば お と も ー な く
お お ー し い す が た、は る の ゆ き の ー こ ー す い
い つ も すん でる ふ と、み と れ ー る ー ふ か い ー あ お
10
mf
1. 2.
mp
う か ぶ さ ー さ ー ぶ ー ー ー ね
た だ き き ら り ひ か っ て い る
さ ー よ あ っ す い こ ま れ そ
mf
p
13
3.
mp
う
p
mp
16
pp

秋が終ろうとしている

さいとうかよこ 作詞
中田恒夫 作曲

作品へのコメント

歌詞のもつ季節感を大切に作曲いたしました。歩きながら秋の終わりを見つける感じが伝わるように、リズム良く、２拍目と４拍目を意識して歌ってみて下さい。
（中田恒夫）

13
そーっ と ふ ん で あ る く と かぜがおちばをち らす
17
f
ひろっ てあ おい かみにならべま しょう
mf
21
f
ぼ くの てぶくろ そらのあお
mf
f
25
ひ ろっ てかざす こんなにき れい
mf

29
mf
おおど おりの プラタナス ココ アいろ おおきなはっぱ
mp
33
mp
ガサゴソ もみじのまっかもな なめにふる
p
37
mf
ちいさなでんしゃの やまぞいは やさしいいろ
mp
41
rit.
mf
mp
おとうさんのいろ もうすぐゆきになるのかな
mf
pp

秋が終わろうとしている

さいとうかよこ

樹々が　なんだか　裸んぼ
黄色の葉っぱを　はらと落とす
もうすぐ　雪が来るのかも

銀杏並木の　葉っぱの匂い
そーっと踏んで　歩くと
風が　落ち葉を散らす
拾って　青い紙に並べましょう
ぼくの手ぶくろ　空の青
拾ってかざす　こんなにきれい

大通りのプラタナス　ココア色
大きな葉っぱ　ガサゴソ
紅葉のまっかも　斜めに降る

小さな電車の山沿いは　優しい色
お父さんの色
もうすぐ　雪になるのかな

ゆきの山の動物園

宍戸幽香里

一、雪が　ずんずん　ふりつもる
モフモフ　フサフサ　しろくまさん
走って　滑って　寝転んで
楽しく　氷上　運動会

二、北風　ピューピュー　吹いている
雪の　坂道　踏みしめて
みんなで　ヨチヨチ　お散歩へ
あかちゃん　ペンギン　滑ってた

三、青い　おそらに　こなゆきが
氷の　穴から　顔出して
もぐもぐタイムは　まだかな
のんびり　寝て待つ　アザラシさん

声は心のハーモニー

宍戸幽香里 作詞
藤元薫子 作曲

作品へのコメント

詞の１番は優しさ２番は思いやり３番のは愛情を表現しているように感じます。

1.2.3番とも同じメロディですが、優しさ、思いやり、愛情それぞれの感情を表現できるよう歌い分けてみてください。

※休符を歌おう！（休符は音のない演奏するところです）

	♪ 𝄾 ♪ 𝄾		♪ 𝄾 ♪ 𝄾
歌詞２番　第１小節目の	ウキ　ウキ	歌詞２番　第17小節目の	か　ら
３番　第１小節目の	あな　たの	３番　第17小節目の	み　ん

二音ですが短くはっきり歌いましょう

ここも短くはっきりクレッシェンドしましょう

（藤元薫子）

最近声を出すことに抵抗を示す、声を出すことを拒否する子どもの姿をよく見かけます。このような現象は、子どもの本来の姿ではないことを危惧しています。子どもたちが恐れないで声が出せるようにと思い、出しやすい「音」を小さな声から徐々に大きな声が出せるようにと思い書きました。どんな声でも声の出し方や声量は、心のバロメーターです。子どもの状態によっては、伴奏楽器はない方が良い事もあります。歌うときには、あまり表現豊かにしない方が良い事もあります。先ずは小さな音から小さな声で、“1番を何度も繰り返すこと”が必要な子どももいるでしょう。先ずは小さな声で始めて下さる事を勧めます。

（宍戸幽香里）

9
プッ プッ プッ ー ー と つ ぶ や く よ う に
ラン ラン ラ ー ン は む ー ね は ず ー み
おと の か い だ ん の ぼ っ て み る と
13
mf
ポッ ポッ ポッ は ち い さ な こ え ー で
ルン ルン ルン で お ー ど ー ろ う ー よ
い ろ ん な こ え が き こ え た よ
mf
17
f
1. 2.
パッ パッ パッ ー ー ー は あ か る い こ え ー で
か ら だ で う た おう と ー も ー だ ち ー と
み ん な の こ え は こ こ ろ の
f
p

声は心のハーモニー

宍戸幽香里

一、そっと聞かせて　あなたの音を
プップップッと　つぶやくように
ポッポッポッは　小さな声で
パッパッパッは　明るい声で

二、ウキウキする音　聞かせてね
ランランランは　胸はずみ
ルンルンルンで　踊ろうよ
からだで歌おう　友達と

三、あなたの声って　どんな声
音の階段　昇ってみると
いろんな声が　聞こえたよ
みんなの声は　心のハーモニー

ゆきの山の動物園

宍戸幽香里 作詞
安 元　麦 作曲

作品へのコメント

この詩の舞台は北海道旭川市にある「旭山動物園」の冬の様子です。私は旭山動物園が好きで、何度となく足を運び、童心に帰る時を楽しく過ごし、その度に新たな発見に心躍らせています。寒い雪が降る時こそ「僕の季節だ」と言わんばかりに、躍動する動物の様子は驚きの一言。そのような私の楽しい思いを、多くの子ども達と共有・共感できればうれしいです。（宍戸幽香里）

詩に登場する動物たちの様子はもちろん、動物園の寒く澄んだ空気や北風、サラサラした雪をよくイメージしながら歌いましょう！（安元 麦）

ずん ずん
ふりつもる
L.H.
rit.- - - molto accel.-
モフモフ フサ フサ しろく まさん
はしって はしって す
a tempo
ー べって ー
ねころ ん で た

18
mp
poco rit.
の し く ひょうじょう うんどうかい
poco rit.
mp
p
mf
8va
Ped.
22
a tempo
mp
きたかぜ ピュー ピュー ピュー ピュー ふいている
a tempo
p
L.H.
26
ゆきのさかみち ふみしめて
pp
p
mf
mp

29
みんなでよちよちおさんぽへ
あかちゃんペンギン
32
poco rit.
すべってた
35
a tempo
あおいおそらに
こなゆきが

38
こおりのあなから かおだして
41
もぐもぐたいむはまだかな のんびりねてまつ
44
あざらしさん

小人の大工さん

藤岡きみこ 作詞
藤脇千洋 作曲

作品へのコメント

小人の大工さんは森の奥で動物さんとなかよく暮らしています。「小人の大工さん」は動物たちのおうちをたくさんたてました。きこえてくるあの音は「小人の大工さん」がおうちをたててる音かもしれませんね。（藤岡きみこ）

小人の大工さん

藤岡きみこ

小人の大工さん
クマさんのおうち
たてました
ゴシゴシゴシ
トントントン
かわいいおうち
できました
クマさんのおよめさん
おおよろこび

小人の大工さん
ゾウさんのおうち
たてました
ゴシゴシゴシ
トントントン
おおきなおうちができました
ゾウさんの赤ちゃん
おおよろこび

春はいつか

藤岡きみこ 作詞
藤中聖也 作曲

作品へのコメント

春はいつか
寒い朝
春はこないかと
さがしました。（藤岡きみこ）

冬の寒さも和らぎ始めると、何気ない自然の中に春の訪れを感じることがあると思います。言葉一つひとつを味わいつつ歌っていただけると幸いです。（藤中聖也）

8
mf
mp
ちょろおがわのー ながれのなかに きらきらひかって きてまし
12
た はるは いつか きてまし た かぜ
16
mf
sub.p
mp
の ながれにー ことりのうたに はるはこっそり きてまし
20
た
rit.
dim.
pp

れんげ草

藤岡きみこ 作詞
白谷仁子 作曲

作品へのコメント

女の子はいつでも女王さまになれるんです。お花を見ても、ステキな洋服を着てもうれしいとき女王さまになれるんです。（藤岡きみこ）

私が生まれ育った滋賀県長浜市は、山、川、そして湖の恵みを受ける自然豊かな街です。小学1年生から大学を卒業するまで、私は琵琶湖の畔でのびのびと暮らしました。家から歩いて数分のところには、新興住宅地のために整備された埋立地が広がっており、桜の時期が終わると、そこには目を見張る一面のれんげ畑が広がりました。小学校から帰ると一目散にそこへ向かい、雨の日も晴れの日も、れんげの花に囲まれて無心に遊びました。琵琶湖の水面にお日様が沈む頃、エプロン姿の母が迎えに来てくれて、暗くなるまで冠や首飾り、指輪を一緒に作りました。「れんげ姫さん、そろそろ帰ろっか」母の言葉は「おしまい」の合図。夕日を背に、母と私は大きな声で歌をうたいながら家へと帰って行きました。

今、たくさんの家が立ち並ぶその場所は、母と私の「れんげ畑」の思い出の場所です。藤岡きみこさんの詩「れんげ草」と出会い、母との絆や、幼い頃の思い出に再び触れることができました。

今は施設でお世話になっている母にも、この歌を届けたいと思っています。（白谷仁子）

9
ばり
ラ ララ ラ ララ わたし は はなの
13
じょ おう ー
mf
れ ん げ れ ん げ
17
れ んげ そ うー れ ん げ れ ん げ
21
1.
2.
rit.
れ んげ そ う ー う ー

木の気分

藤本美智子 作詞
北澤秀夫 作曲

作品へのコメント

自然の中でみんなで声を合わせて歌ったらどんなに楽しいだろうと思い、この詩を書きました。（藤本美智子）

な ん だ か き に なっ た き ぶ ー ん
す っ か り き に なっ た き ぶ ー ん
ね え いっ しょ に う た お う よ
さ あ こ え ー あ わ せ よ う
ラ ラ ラ
み ど り の は っ ぱ の あ い だ か ら
あ ー お い そ ら ま で ひ び か せ て
rit.
こ ぼ れ て ひ か る ス ポ ッ ト ラ イ ト
こ と り の さえ ず り ば ん そ う に し て
rit.

春はいつか

藤岡きみこ

春はいつかきてました
ちょろちょろ小川の
ながれのなかに
きらきら光って
きてました

春はいつかきてました
風のながれに
小鳥のうたに
春はこっそり
きてました

れんげ草

藤岡きみこ

れんげ　れんげ
れんげ草
お花を摘んで
髪に飾れば
ラララ　ラララ
私は　花の女王

れんげ　れんげ
れんげ草
レイをあんで
首かざり
ラララ　ラララ
私は　花の女王

木の気分

藤本美智子

きょうは　とっても　いい天気
みんなで　森へ　出かけよう
なんだか　木になった　気分
ねえ　いっしょに　歌おうよ
みどりの　葉っぱの　あいだから
こぼれて　ひかる
スポットライト

きょうは　風が　きもちいい
みんなで　森を　歩きたい
すっかり　木になった　気分
さあ　声　あわせよう
青い　空まで　ひびかせて
小鳥の　さえずり
ばんそうにして

かるがもママ

安倍　暁 作詞
木村茂雄 作曲

作品へのコメント

園児や児童が先生に引率されて外出するとき、交通ルールを守り、楽しく元気に歩くことができるようにと願い、書きました。（安倍 暁）

元気で明るいカルガモお母さんが子どもたちを連れて公園で散歩をしている光景を想い浮かべながら作曲しました。公園には元気なお母さんと子どもたちの声が響いています。

カルガモたちの会話を二部合唱で表しました。

作詞の安倍暁さんの詞は、親が子どもを想う温かな気持ちがあふれていて、作曲が楽しくできました。

作曲にあたって、体を動かしながら歌ってほしいと思い、ディスコ風のリズムを選びました。四拍目に手拍子を入れていただくと音楽が活きてくるかと思います。（木村茂雄）

♩= 102　軽快に

8
B♭6 Cm7 F9(onA) F9 B♭6 B♭7
か る が も マ マ が い い ま し た
か る が も マ マ も う れ し そ う
か る が も マ マ が は げ ま し た
12
E♭6 E♭m6 C9(onE) F7 D7(♭9)(onF♯)
mf
み ん な な ら ん で つ い て き て は な れ
ちゃ ん と お ぼ え て お よ ぎ か た み ず か
か ぜ に と ば さ れ こ ろ ん で も ひ と り
16
Gm7 Cm6 E♭6 F7 F9 B♭6 D7(♭9)(onF♯)
f
mf
ちゃ(は な れちゃ)だ め ー よ ガ (ガ) ガ (ガ) ガ ふ り ふ
き (み ず か き)は や ー く ガ ガ (ガ) ガ ガ (ガ) ガ ガ う ご か
で (ひ と り で)お き ー て ガ (ガ) ガ (ガ) ガ は し ー

20
Gm7 Cm6 E♭6 F6 F9
1. B♭6 F7
f
mf
to ⊕
り（ふ り　ふ り）ダ ン ス　で　ガ （ガ） ガ （ガ） ガ
す（う ご　か す）だ け な　の　ガ （ガ） ガ （ガ）
って（は し　ーって）な ら ん　で　ガ （ガ） ガ （ガ）
24
2. B♭6 F7
ガ
D.C.
⊕ Coda
25
B♭6 F7 Gm
ガ
Hm
27
Dm Edim7 F7 B♭6
Hm ガ ガ ガ
p

ジャンケンポン

大きな耳 作詞
宮嶋 固建 作曲

作品へのコメント

子供たちが元気で仲良く遊んでほしいと思います。（大きな耳）

なかよくえがおで たのしいね
なかよくえがおで たのしいね
なかよくえがおで たのしいね
ジャン ケン ポン グー チョキ パー ジャン ケン ポン グー チョキ パー
みんなでなかよく たのしいね

きんもくせい

桂ほのか 作詞
伊沢天寿 作曲

作品へのコメント

咲きはじめを心待ちにしている花のかおりを想いながらときめく気持ちと、ほのかなかおりに包まれたときの幸せな愛おしい気持ちで、自然とほほえみがあふれるような歌声を聴かせてください。（桂ほのか）

きんもくせいはとってもいい香りです。この作品は敢えて強弱を明記していません。香りから感じたイマジネーション、作品へのイマジネーションを大切にして、皆さん一人一人の「きんもくせい」を歌ってください。（伊沢天寿）

7
こ きゅう し て お も い だ す ほの か に あ ま い あ
き ひん や り ほ ほ を な で ほの か に あ ま い あ
10
の か お り きん も く せ い が か お り ま す かぜ
の か お り きん も く せ い が か お り ま す かぜ
13
1.
が や さ し く はこび ま す ー 2. おれ
が や さ し く とどけ ま す ー
16
2.
rit.

かるがもママ

安倍　暁

今日は楽しい　ピクニック
かるがもママが　言いました
みんなならんで　ついてきて
はなれちゃだめよ　ガーガーガー
ふりふりダンスで　ガーガーガー

池で水浴び　しましょうね
かるがもママも　うれしそう
ちゃんと覚えて　泳ぎ方
水かき速く　ガーガーガー
動かすだけなの　ガーガーガー

なにがあっても　負けないで
かるがもママが　はげました
風に飛ばされ　転んでも
ひとりで起きて　ガーガーガー
走ってならんで　ガーガーガー

ジャンケンポン

大きな耳

一、ジャンケンポン
グー　チョキ　パー
ジャンケンポン
グー　チョキ　パー
ブランコ遊びジャンケンポン
ならんで　ならんで
仲良く笑顔で楽しいね

二、ジャンケンポン
グー　チョキ　パー
ジャンケンポン
グー　チョキ　パー
かくれんぼ遊びジャンケンポン
かくれて　かくれて
仲良く笑顔で楽しいね

三、ジャンケンポン
グー　チョキ　パー
ジャンケンポン
グー　チョキ　パー
すべり台遊びジャンケンポン
ならんで　ならんで
仲良く笑顔で楽しいね

ジャンケンポン
グー　チョキ　パー
ジャンケンポン
グー　チョキ　パー
みんなで　なかよくたのしいね

はるのさんぽみち

小宮正人 作詞
小田実結子 作曲

作品へのコメント

児童達にとって、この歌を聴いたり唄ったりすると、晴れ晴れと明るい気持ちを持てる、そういう歌になって欲しい。何かで心が沈んでいる時に励ましになる歌になって欲しい。心が和む歌になって欲しいと言う願い込めて綴りました。（小宮正人）

いろいろな風景を思い浮かべながら、春のおとずれを喜ぶ気持ちを8分の6拍子にのせてたのしく歌ってください。（小田実結子）

10
mf
ちょうちょ が とんできて とまー ったら くすぐ っ たいか ら
いろん な ひとがきて みてる から なのは な げんきに
さくら が さいている ふうけ いも みんな が うれしい
mf
13
f
ちょっと ゆ ら ゆ ら ー のはらを
せすじ の ば す よ ー おかから
たから も の だ ね ー さいたら
f
mf
mf
16
1. 2.
あるくと なんだかたのしい ね
みてると なじかんをわすれる ね
ちるけど らいねんまたあえ

はるのさんぽみち

小宮正人

一、はるをまってた　たんぽぽが
ひざしをあびて　うっとりしてる
ちょうちょがとんできて　とまったら
くすぐったいから　ちょっとゆらゆら
のはらをあるくと　なんだかたのしいね

二、はるにたくさん　なのはなが
さいてるはたけ　きらきらしてる
いろんなひとがきて　みてるから
なのはなげんきに　せすじのばすよ
おかからみてると　じかんをわすれるね

三、はるのさくらが　めをさまし
あくびのように　つぼみがひらく
さくらがさいている　ふうけいも
みんながうれしい　たからものだね
さいたらちるけど　らいねんまたあえる

きんもくせい

桂ほのか

一、みちのむこうの
にわのきに
もうすぐひらく
はなのつぶ

しんこきゅうして
おもいだす
ほのかにあまい
あのかおり

きんもくせいが
かおります

かぜがやさしく
はこびます

二、おれんじいろの
こんぺいとう
あきをいろどる
はなのつぶ

くうきひんやり
ほほをなで
ほのかにあまい
あのかおり

きんもくせいが
かおります

かぜがやさしく
とどけます

ごせんぞさま

境まさる

一、ごせんぞさまはどんなひと
ずっと　ずっとまえのひと
かおもなまえもしらないけれど
いまのわたしにつづくひと
めをとじ　おれいをいいましょう

二、ごせんぞさまはどんなひと
パパよりママよりまえのひと
どんなきもちでわたしをみてる
しんぱいさせたらごめんなさい
いつでもかんしゃしています

三、ごせんぞさまはどんなひと
おんなじおそらをみてたひと
いつかわたしのしらないことを
ぐっすりねむったユメのなか
おはなしきかせてくださいね

ごせんぞさま

境まさる 作詞
小林仁美 作曲

作品へのコメント

神棚も仏壇もない核家族に産まれた子供にとって、ご先祖様を意識する機会は少ないと思います。幼稚園や学校に行くようになり、コンプレックスや些細な言葉に傷つく事もあるでしょう。この唄であなたを励まし支えているごせんぞさまを感じ、心の支えになったなら嬉しいです。（境まさる）

ごせんぞさまが子どもたちを大きな愛情で包んでいるようなイメージで、子どもたちの無邪気さを表現しつつ、少しセンチメンタルにまとめました。

強弱を記譜していませんが、ごく自然な大きさの声で始めていただければと思います。（小林仁美）

※小音符は2番
ない ーけれど いまのー わたしにー つ
しを ーみてる しんぱいー させたらー ご
づ く ひと めをとじ おれいを いいましょ
め ん なさい いつでも かーんしゃ していま
1.
2.
う
す

3.ごせんぞ さまは どんな ひと おんなじ おそらを
み てた ひと いつかわたしの しら
ない ーことを ぐ っすりー ねむったー ユ メ の なか おはな
し きかせて くださ い ね
rit.
8va

タイムマシン

佐久間英興 作詞
北澤秀夫 作曲

13
きっとかわいいおんなのこ
きっとげんきなおとこのこ
きっとたのしいゆめのくに
17
※2番、3番は( )の音
ぼくーとあそんでくれるかな
わたしとあそんでくれるかな
ふたりはわかってくれるかな
21
ちいさいママーのおともだち
ちいさいパパーのおともだち
わんぱくなかーまぼくだって
25
ちいさいパパがいるのかな
ちいさいママがいるのかな
ままごとあいてわたしだって

対象 全学年対象（二部合唱は小学校中学年から）

うちゅうじん

ささじかおり 作詞
神保創一 作曲

作品へのコメント

【作曲にこめた想い】
★詞の魅力を損なわないよう、そして、元気で楽しく、ほんの少しだけ不思議なメロディを、できるだけ歌いやすく、弾きやすいようにと努めました。
『小さい子どもから斉唱で元気よく…』『発表会や校内コンクールのような場では、ちょっと自慢の二部合唱で…』などと、歌・ピアノともに楽しく使い分けていただければ幸いです。
★「ピピポポポ」は、さまざまな感情表現が可能な万能ワードであり、本来、その旋律は極めて臨機応変、流動的なものだと思います。
モチーフとして音を固定してはありますが、特に46小節と64小節では、「ピピポポポ」の部分をひとりひとりが、あるいは全員揃って任意の旋律に変更して頂いても面白いのではないでしょうか。その場合ピアノは、前者（ひとりひとり）にあっては右手該当部のみ手を休め、後者（全員揃って）にあっては変更後の旋律をリードすることがよいでしょう。
★二部合唱における歌い方は自由ですが、小さい子どもを交えての場合は、メロディ部分担当と小音符部分担当に分かれての演奏を推奨します。…62ページに続く（神保創一）

（作詞者・ささじかおりさんのコメントは62ページに掲載）

10
ちゅ　うじん
おおきいも　のもー　お　も　た　い　ものも
13
f（えぃっと大きく）
mf
えぃっ　とたかく
もち　ーあげる
mp（弱くはっきり）
さみしいけれど
mp
f
mf
16
（だんだん大きく）
f
あたらしい
ー
mp
（少し弱く）
ちょっとうれしい
mf
mp
20
mf
ピピポポポ
f（元気に）
あこがれの
うちゅ　ーうじん
f

【※ピアノ伴奏は全体を通じて、斉唱時の歌いやすさや手の大きさ等の必要に応じ、小音符部分を省いてください】

【※演奏環境などに応じて、33～40小節の間奏は省略することができます。その場合、32小節の伴奏部分は40小節のものに置き換えてください。】

48
ちゅ　ーうじ　ん
mf
51
mf（元気に）
3.もしもかせ いにー　す ん　だ　ーなら
ぼくも りっ ぱなー　う
mf
54
ちゅ　う じん
おひるのそ らはー　まー　っか　ー ーっか
57
ゆうやけそ ら は　あ お　ーいんだ
mp（弱くはっきり）
さ み し い け れ ど
mp

【※演奏環境などに応じて、67～70小節の後奏は省略することができます。その場合でも、66小節の伴奏部分の置き換えは必要ありません。】

タイムマシン

佐久間英興

一、タイムマシンで　行きたいな
ママが小さな　子供の頃に
きっと可愛い　女の子
僕とあそんで　くれるかな
小さいママの　お友達
小さいパパが　いるのかな

二、タイムマシンで　行きたいな
パパが小さな　子供の頃に
きっと元気な　男の子
私とあそんで　くれるかな
小さいパパの　お友達
小さいママが　いるのかな

三、タイムマシンで　行きたいな
パパとママとが　子供の頃に
きっと楽しい　夢の国
二人はわかって　くれるかな
わんぱく仲間　僕だって
ままごと相手　私だって

うちゅうじん

ささじかおり

一、もしもかせいにすんだなら
ぼくもりっぱなうちゅうじん
おおきいものも　おもたいものも
えいっとたかく　もちあげる
さみしいけれど　あたらしい
ちょっとうれしい　ピピポポポ
あこがれの　うちゅうじん

二、もしもかせいにすんだなら
ぼくもりっぱなうちゅうじん
にねんにいちど　ちきゅうにかえり
おみやげもって　ごあいさつ
さみしいけれど　あたらしい
ちょっとゆかいな　ピピポポポ
あこがれの　うちゅうじん

三、もしもかせいにすんだなら
ぼくもりっぱなうちゅうじん
おひるのそらは　まっかっか
ゆうやけそらは　あおいんだ
さみしいけれど　あたらしい
ちょっとじまんの　ピピポポポ
あこがれの　うちゅうじん

作品へのコメント

【この詞の魅力】
★科学的な裏付けに基づく詞の内容には、学年を超えて大人に至るまで、それぞれの興味をもって親しむことができるでしょう。
おそらくは、彼の星の探査・開拓が今後十年以上にわたって続きます。その長い歴史の中で、子どもたちの成長とともにこの詞の内容は一層現実味を帯びていき、例えそうでなくとも、ときの科学の粋にまつわるノスタルジーを生むものになり得るのです。
★「さみしさ」の所以とは、単なるホームシックにとどまらず、パイオニアとしての孤独であるのか、いや、宇宙世紀におけるスペースノイドのそれなのか…、想像は無限に広がります。（神保創一）

地球を飛び出し、宇宙の他の星に住む時代がじわりじわりと近づいています。私たち大人にとっては遠い未来に感じますが、これから大きくなる子ども、生まれてくる子どもたちにとっては、確かな現実になるかもしれません。そんなワクワクする近い未来を想像しながら歌ってほしいです。（ささじかおり）

せいたかのっぽのきりんさん

佐藤きりん

一、せいたかのっぽの　きりんさん
ながいまつげが　ゆれてます
どんなせかいが　みえるかな

二、せいたかのっぽの　きりんさん
ぱたぱたしっぽが　ゆれてます
みんないっしょに　おでかけ　いくんだな

三、せいたかのっぽの　きりんさん
すっきりおみみも　ゆれてます
どんなゆめみて　ねるのかな

それは何《なん》じゃ

白土義隆

一、ごちゃごちゃ　まぜまぜ　こねられて
えたいの　知《し》れない　やばそうな　やつ
それは何《なん》じゃ　何《なん》じゃ何《なん》じゃ
それはそれは　怪《あや》しい　もんじゃった

二、ふにゃふにゃ　ゆらゆら　湯気《ゆげ》もでて
伸《の》びたり　とけたり　熱そうな　やつ
それは何《なん》じゃ　何《なん》じゃ何《なん》じゃ
それはそれは　不《ふ》思《し》議《ぎ》な　もんじゃった

三、じゅうじゅう　ぴちぴち　音《おと》がして
おこげの　匂《にお》いが　旨《うま》そうな　やつ
それは何《なん》じゃ　何《なん》じゃ何《なん》じゃ
それはそれは　食《た》べたい　もんじゃった
それは何《なん》じゃ　何《なん》じゃ何《なん》じゃ
それはそれは　美味《おい》しい　もんじゃ焼《やき》

作品へのコメント

音楽は楽しむものです。何回も楽しんでください。（白土義隆）

日本の音階とロックのリズムを活かして作曲しました。
リズムにのって明るく歌ってください。（新藤理恵）

せいたかのっぽのきりんさん

佐藤きりん 作詞
宝積侑子 作曲
川上哲夫 補作

作品へのコメント

あなたがきりんになって眺めたら、この世界はどんな風に見えるだろう。せいたかのっぽで悠々と、地球を旅する風景を想像してみてくださいね。

（佐藤きりん）

キリンの絵をかいてみよう！

10
ま つ げ が ゆ れ て ま す ど ん な ど ん な
し っ ぽ が ゆ れ て ま す み ん な いっ しょ に
お み み も ゆ れ て ま す ど ん な ど ん な
15
f
せ か い が み え る か な ー み え る か
お で か け い く ん だ な ー い く ん だ
ゆ め み て ね る の か な ー ね る の か
1. 2.
3.
20
mp
な
な
な
25

それは何じゃ

白土義隆 作詞
新藤理恵 作曲

（作詞者・白土義隆さん、作曲者・新藤理恵さんのコメントは63ページに掲載）

D.S.
Coda
も ん じゃっ た
そ れ は なん じゃ
な ん じゃ なん じゃ
そ れ は そ れ は
お い し い
も ん じゃ や き

ハートフルアース
〜かけがえのない地球〜

野田裕司　作詞
久保共生　作曲

作品へのコメント

いろんな生命が集まる地球。人間だからといって特別ではなく、私たちもその一員であり、仲間だということを忘れないで欲しい。そんな想いを込めて原稿用紙に向かいました。（野田裕司）

歌詞を読んだとき、そこには地球の生命たちの圧倒的な力強さと同時に、その生命たちに対する親しみの感情（「なかまたち」というフレーズが象徴的）が込められているように感じました。ダイナミックでエネルギーに満ちた生命讃歌でありながら、皆が親しみを持てるようなメロディアスで歌いやすい曲を目指して作曲しました。この曲は、斉唱で演奏することも可能ですが、合唱の方がより豊かさや輝かしさが表現できるように思います。（久保共生）

8
ー ー ゆ り か ご なんだ ー なみまに ー ゆれ てる
ー ー あ こ が れ なんだ ー つばさを ー も らーった
ー ー や す ら ぎ なんだ ー きせつを ー み つ けた
ー ー ふ る さ と なんだ ー このよに ー う ま れた
なみまにー
つばさをー
きせつをー
このよにー
12
ー ー な か ま た ち クジ ラ は ー いくよ
ー ー な か ま た ち ひば り は ー たかく
ー ー な か ま た ち さく ら は ー なにも
ー ー な か ま た ち いろ ん な ー めぐみ
ゆれてるー クジラ はー
もらーったー ひばり はー
みつけたー さくら はー
うまれたー いろん なー

16
mf
3
ー ー う な ば ら はるか ー
ー ー て ん ま で のぼれ ー
ー ー い わ な い けれど ー
ー ー は ぐ く む さんが ー
おおきな おびれに
まうえに むかーって
おがわの せせらぎ
まぁるい だいちの
いくよ
たかく
なにも
めぐみ
はるか
のぼれ
けれど
さんが
20
しおふいて うみは ひろいと
なきながら そらは ひとつと
きこえたら はるの おとずれ
ものがたり みみを すませば
おしえ て く れ
うみは
そらは
はるの
みみを
おしえ

る ー ハ－ ト フ ル ア ース かけ が え の な い こ
て く れ る
の ほしの い の ち が いっぱ い
(1.) お よ い で
(2.) と ん で い
(3.) さ い て い
(4.) み ち て い
to Φ

1. 2.
3.
mp
る
2. そら
る
る
3. はな
Coda
4. ここ
D.S.
8va
p
Ped.
rit.
pp

ハートフルアース
～かけがえのない地球《ちきゅう》～

野田裕司

一、海《うみ》は　みんなのゆりかごなんだ
波間《なみま》に揺《ゆ》れてる　仲間《なかま》たち
クジラは行《ゆ》くよ　海原遥《うなばらはる》か
大きな尾《お》びれに　潮吹《しおふ》いて
海《うみ》は広《ひろ》いと教《おし》えてくれる
ハートフルアースかけがえのない
この地球《ほし》の生命《いのち》がいっぱい泳《およ》いでる

二、空《そら》は　みんなの憧《あこが》れなんだ
翼《つばさ》をもらった　仲間《なかま》たち
雲雀《ひばり》は高《たか》く　天《てん》まで登《のぼ》れ
真上《まうえ》に向《むか》って鳴《な》きながら
空《そら》は一《ひと》つと教《おし》えてくれる
ハートフルアースかけがえのない
この地球《ほし》の生命《いのち》がいっぱい飛《と》んでいる

三、花《はな》は　みんなのやすらぎなんだ
季節《きせつ》を見《み》つけた　仲間《なかま》たち
桜《さくら》はなにも　云《い》わないけれど
小川《おがわ》のせせらぎ　聞《き》こえたら
春《はる》の訪《おとず》れ教《おし》えてくれる
ハートフルアースかけがえのない
この地球《ほし》の生命《いのち》がいっぱい咲《さ》いている

四、ここは　みんなのふるさとなんだ
この世《よ》に生《う》まれた　仲間《なかま》たち
いろんな恵《めぐ》み　育《はぐ》む山河《さんが》
まぁるい大地《だいち》の物語《ものがたり》
耳《みみ》をすませば教《おし》えてくれる
ハートフルアースかけがえのない
この地球《ほし》の生命《いのち》がいっぱい満《み》ちている

おはよう通学路

ひろひろ 作詞
北澤秀夫 作曲

作品へのコメント

「おはよう」子どもたちの笑い声。
今日も安全で楽しい日でありますように。（ひろひろ）

ただ歌うだけでなく、身体を動かしてください。（北澤秀夫）

9
（手をつなぐ）
（1.~4.）
がっ　こう　へ　い　こ　う　ゴウ　ゴウ　ゴウ　それ
13
（手をつなぐ）
な　か よ く　な　ら ん　で　ルン　ルン　ルン
17
あ　ん　ぜ　ん　か　く　に　ん　ゴウ　ゴウ　ゴウ　（手拍子）
（手）（手）（手）（手）
（足）（足）（足）
21
あ　ん ぜ　ん　か　く に　ん　ゴウ　ゴウ　ゴウ　ヤ（手上に）
（手）（手）
（足）（足）（足）

対象　小学校中学年向き

うたがうまれた

やまぐちりりこ 作詞
平井由美 作曲

作品へのコメント

ひとりぼっちでくちずさむ歌も、風にのって、だれかにとどいているかもしれませんね。（やまぐちりりこ）

小さいところから生まれた歌の波紋が徐々に広がり、やがて大きな架け橋を造るイメージを音にしてみました。雄大な弧の橋を描くように、滑らかな曲調にしました。やがてその橋が明るい未来に繋がることを願って。（平井由美）

9
1. 2.
mf
f
おなかのそこから　うたがうまれた　むね　のおくから　うたがうまれた
ちきゅうのうえーで　うたがうまれた　うちゅうのなーかで　うたがうまれた
13
3.
mf
こころとこころに　はしがかかっ　た　うた　でつな　が
16
f
るー　はしをわたろ　う
sf
rit.

おはよう通学路

ひろひろ

一、おはよう　みんな
きょうは☆はれだよ
学校へ行こう　GO　GO　GO
なかよくならんで　ルン　ルン　ルン
安全かくにん　GO　GO　GO
安全かくにん　GO　GO　GO

二、おはよう　みんな
きょうは☆くもりだよ
学校へ行こう　GO　GO　GO
なかよくならんで　ルン　ルン　ルン
安全かくにん　GO　GO　GO
安全かくにん　GO　GO　GO

三、おはよう　みんな
きょうは☆あめだよ
学校へ行こう　GO　GO　GO
なかよくならんで　ルン　ルン　ルン
安全かくにん　GO　GO　GO
安全かくにん　GO　GO　GO

四、おはよう　みんな
きょうは☆ゆきだよ
学校へ行こう　GO　GO　GO
なかよくならんで　ルン　ルン　ルン
安全かくにん　GO　GO　GO
安全かくにん　GO　GO　GO

うたがうまれた

やまぐちりりこ

一、わたしのくちから　うたがうまれた
のどをとおって　うたがうまれた
おなかのそこから　うたがうまれた
むねのおくから　うたがうまれた

二、こころのすみから　うたがうまれた
ひみつのばしょから　うたがうまれた
ちきゅうのうえで　うたがうまれた
うちゅうのなかで　うたがうまれた

三、たったひとつの　うたがうまれた
あなたにとどける　うたがうまれた
こころとこころに　はしが　かかった
うたでつながる　はしを　わたろう

ぞうのゆめ ありのゆめ

やまぐちりりこ 作詞
中山まり 作曲

作品への
コメント

ゆめのなかで、なにになってみたいですか？ わたしは…イルカになってみたいです。
（やまぐちりりこ）

３拍子のマズルカ風なリズムの中にも胸をはって行進しているような曲調にしました。３番の歌詞「じぶんのせかいがほこらしく」とあるように堂々と大きな声で歌ってもらえるといいなぁ。（中山まり）

10
ありになったゆめをみた
ぞうになったゆめをみた
ちいさなありにあさがきた
15
mf
mf
ちいさいことがたのしくて
おおきいことがたのしくて
もとのからだがうれしくて
19
p（３番はmf）
p（３番はmf）
ありのじぶんがおかしくてー
ぞうのじぶんがおかしくてー
じぶんのせかいがほこらしくー
23
mf
mf
1. 2.
はっぱのしたでーかくれんぼー
そうげんのしのしはしったよー
うららと

ぞうのゆめ　ありのゆめ

やまぐちりりこ

一、おおきなぞうが　ゆめをみた
ありになった　ゆめをみた
ちいさいことが　たのしくて
ありのじぶんが　おかしくて
はっぱの　したで　かくれんぼ

二、ちいさなありが　ゆめをみた
ぞうになった　ゆめをみた
おおきいことが　たのしくて
ぞうのじぶんが　おかしくて
そうげん　のしのし　はしったよ

三、おおきなぞうに　あさがきた
ちいさなありに　あさがきた
もとのからだが　うれしくて
じぶんのせかいが　ほこらしく
うららと　うたって　おどったよ

ゆっくりくるり

山下時空 作詞
小畑有史 作曲

作品へのコメント

私が現代の子どもたちに伝えたいことって一体なんだろう？と考えたとき“サグラダファミリア”建築家アントニ・ガウディの「神は急いでおられない」というフレーズが頭に浮かびました。

小さいころからおっとりノロマな私は「はやくしなさい、はやく！」と幾度となく母に急かされ育ちました。現代の子どもたちの中にも以前の私のような子がいるかもしれません。そんなときこの歌を聴いて「ゆっくりでいいよ。たいせつなことは、みんなゆっくりまわってる」というメッセージを伝えられたら…との思いから「ゆっくりくるり」をつくりました。（山下時空）

「手と手をつなぎ」、くるくるとダンスするようなイメージで作曲しました。8分の6拍子の、横に揺れるような雰囲気を感じながら歌ってみましょう。対象は小学校中学年となっていますが、斉唱（上声部のみ）であれば低学年でも問題ないでしょう。ピアノ伴奏はスタッカートを生かし、重々しくないリズミカルな演奏を心がけてください。（小畑有史）

9
ままのおなかで ゆーっくりくるり ぼくのからだは ゆーっくりくるり
いきをすー はー ゆーっくりくるり じいじぱぱぼく ゆーっくりくるり
13
mp
おそらのほしも ゆーっくりくるり
ぼくのおもいも ゆーっくりくるり
8va
mp
17
mf rit.
はるなつあきふゆ ゆーっくりくるり ばあばのおはなし
きーみといっしょに ゆーっくりくるり てとてをつーなぎ
mf

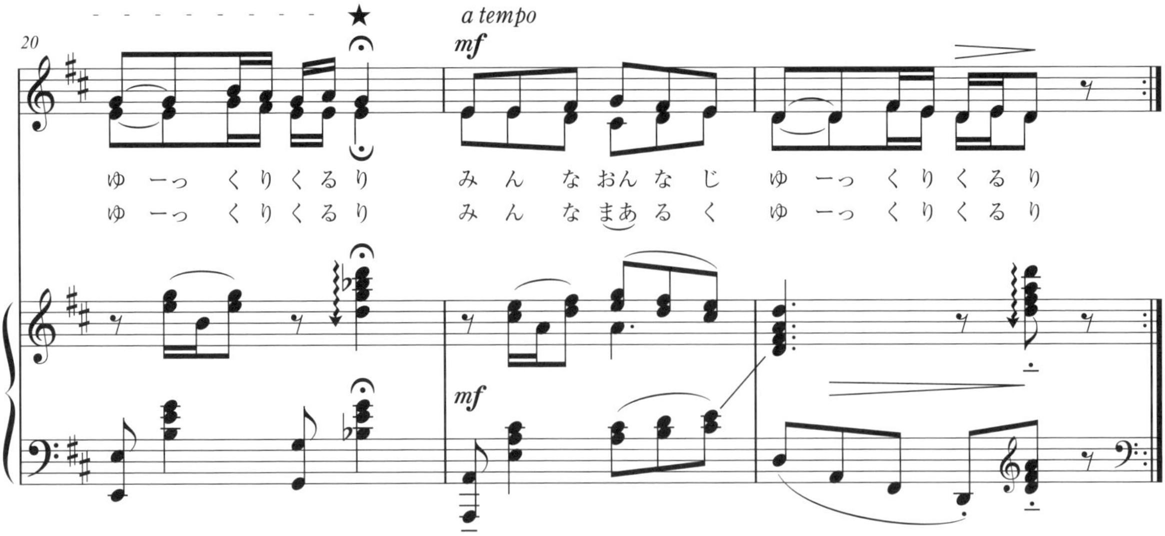

★ 2回目のフェルマータは1回目より長く

ゆっくりくるり

山下時空

一、まるい地球《ちきゅう》は　ゆっくりくるり
うみの満《み》ち引《ひ》き　ゆっくりくるり
ママのおなかで　ゆっくりくるり
ボクのからだは　ゆっくりくるり
お空《そら》の星《ほし》も　ゆっくりくるり
春《はる》・夏《なつ》・秋《あき》・冬《ふゆ》　ゆっくりくるり
バァバのお話《はな》し　ゆっくりくるり
みんなおんなじ　ゆっくりくるり

二、ねこのシッポは　ゆっくりくるり
木《き》の年輪《ねんりん》も　ゆっくりくるり
息《いき》をスーハー　ゆっくりくるり
ジイジパパボク　ゆっくりくるり
ボクの思《おも》いも　ゆっくりくるり
キミと一緒《いっしょ》に　ゆっくりくるり
手《て》と手《て》をつなぎ　ゆっくりくるり
みんなまあるく　ゆっくりくるり

オオイヌノフグリ

田沢節子 作詞
柳井和郎 作曲

作品へのコメント

歌う人とピアニストのもとしっとりと自由で綺麗に仕上げてください。
誰でも歌えるように（１点ハ）から（２点ニ）に収めました。（柳井和郎）

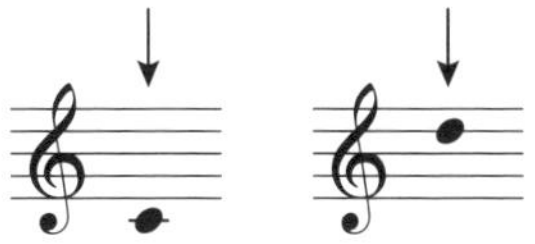

13
と 「ふまないでね」って さーいーていーる
け 「ありがとうー」って はなびらゆすーる
17
21
ちいさいけれど つーよくたくましい オオ
25
イヌノフグリ ほほえみと ゆうきをくれ

オオイヌノフグリ

田沢節子

一、霜のふる　寒い朝
　氷の粉を　振りかけられた
　水色の　小さな花びら
　道端で　りんりんと
　「ふまないでね」って
　咲いている

二、手のひらで　包み込む
　ひびわれそうな　うすい花びら
　そっと息を　ふきかけたら
　パチパチって　氷とけ
　「ありがとう」って
　花びらゆする

※小さいけれど
　強くたくましい
　オオイヌノフグリ
　ほほえみと　勇気をくれる
　水色の花

朝の雲

小泉喜美子 作詞
宮嶋固建 作曲

朝の雲

小泉喜美子

窓辺で　みつけた　朝の雲
みずみずしさが　ひろがって
とってもすてきな　空の色
呼んでるみたい　いってみよう

朝の　お空は　やわらかく
さわると　すうっと　へこみそう
へこんだ　すきまに　ちょとすわり
空と　たくさん　話せるわ

お日さま　ま上　昼の空
すまして　にっこり　わらってる
朝のお空は　すぐ消えて
あしたの　朝を　まつばかり

9
mp
みずみずしさーがひろがって
さわるとすうっとへこみそう
すましてにっこりわらってる
mp
13
mf
とってもすてきなそらのいろ
へこんだすきまにちょとすわり
あさーのおそらはすぐきえて
mf
17
mf
よんでるみたーいいってみよう
そらーとたくさんはなせるわ
あしたのそらーをまつばかり
mf
21
rit.
8va

ぼくらは 元気 ひかりの子

小泉喜美子 作詞
藤元薫子 作曲

作品へのコメント

以前ヨーロッパからの帰路、飛行機の窓から朝日が見えました。真っ暗やみから光輝く太陽が現れる神々しく幻想的な瞬間はしっかりと脳裏に焼き付いています。詞に目を通したとき、その記憶が一気によみがえってきました。そんな情景を思い描きながら歌ってみてください。三拍子の曲ですが、１小節（♩.）を大きく一拍に感じ取り、大らかに元気に歌いましょう。（藤元薫子）

11
パートロール オーストラリアのじょうくうで
17
p poco a poco cresc.
mp
おひさま ちきゅう ひこうきが タテにいちれつ
23
mf
つづいたら ちきゅうの ーよあけが
29
f
はじまるよー ちきゅう

34
の ーよあ けが はじま る
39
mp
よ ー
p dolce
45
mp
おひさまチラリかおみせて
mp
51
ちきゅうをかかえてたちあがる
すごいなおひさま

57
p poco a poco cresc.
mp
お おきい な よ る は うちゅう に と びさっ て
p poco a poco cresc.
mp
63
mf
かがや く あ さひに そ らいっ ぱー い ピ ン ク
mf
69
ー む ら さ き く も た ー ち が
75
f
つ ば さ の し ー た を か け ぬ け
f

ぼくらは　元気　ひかりの子

小泉喜美子

ぼくらは元気　ひかりの子
宇宙を　めぐる　パトロール
オーストラリアの　上空で
お日様　地球　飛行機が
タテに　一列　つづいたら
地球の　夜明けが　はじまるよ

お日さま　チラリ　顔みせて
地球を　かかえて　立ちあがる
すごいな　お日さま　大きいな
夜は　宇宙に　飛びさって
かがやく　朝日に　空いっぱい
ピンク　むらさき　雲たちが
つばさの下を　かけぬける

すてきな プレゼント

黒田勲子 作詞
宮嶋固建 作曲

ぱっ と あかるいはる がとびだ した
もりいっぱいに はるが ひらけた
そらいっぱいに はるが ひらけ
た
はるかぜさんの すてきな プレゼン
トー はる はる はる ひかるは

すてきな　プレゼント

黒田勲子

森のくまの子に
枯葉の手紙が　とどいたよ
すてきな　プレゼント
おくります

森のくまの子に
ふしぎなはこが　とどいたよ
そおっと　そおっと
あけました

ぱっと　あかるい春が　とびだした
森　いっぱいに　春がひらけた
空　いっぱいに　春がひらけた
春風さんの
すてきな　プレゼント
はる　はる　はる
ひかる　はる
ずっと　まってた　はる
みんな　うれしい　はる

い ろ

下司愉宇起 作詞
木下紀子 作曲

作品へのコメント

人間の五感は時にさまざまな想いを呼び起こすことがあります。季節の香りや懐かしいメロディ。〈いろ〉はいかがでしょうか？（下司愉宇起）

あの日あったこと、感じたこと…思い出はいつも私たちにそっと寄り添い、前に進む力を与えてくれます。あなた自身のために、また誰かのために、優しい気持ちで語りかけるように演奏してください。（木下紀子）

13
mf
p sotto voce
の
とばりの　あおいろ　おぼえて
mf
p sotto voce
17
る
mf
f gentile
21
B
mp
やさしさには
やさしさには
mp
25
f
いろがある　くやしく　ないて　さしのべ
f

29
mf
f
p sotto voce
た
あなたの
ハンカチ
おぼえてる
mf
f
p sotto voce
34
C
p
ff dramatico
39
mf
mp
p
44
D
pp
p
molto
ときめきには
ときめきには
いろがある
pp
p

48
f
più f
あめがあがーってみたそらに
52
mf
p sotto voce
かがやくなないろおぼえてる
56
ff gentile
p sotto voce
かがやくなないろおぼえてる
61
mp
pp
ppp

いろ

下司愉宇起

おもいでには
いろがある
母におわれて
みた空の
とばりのあおいろ
おぼえてる

やさしさには
いろがある
くやしくないて
さしのべた
あなたのハンカチ
おぼえてる

ときめきには
いろがある
あめがあがって
みた空に
かがやくなないろ
おぼえてる

かがやくなないろ
おぼえてる

うっかりお月

下司愉宇起

（夜）
うっかりしてたわ
おひさまが
まだまだ にしに
いるじゃない
うっかりしてたわ
はやかった

（昼）
うっかりしてたわ
おひさまが
もうもう　うみに
いるじゃない
うっかりしてたわ
かえらなきゃ

うっかりしてたわ
おひさまに
にこにこ　ふふふ
わらわれた
うっかりものって
わらわれた

ほんとのほんと
ほんとはね
おひさまだいすき
いっしょにいたいの
うっかりものの
ふりしてるのよ

うっかりお月

下司愉宇起 作詞
岩下周二 作曲

作品へのコメント

かわいい初恋か、はたまた策士への入り口か…？「うっかり」なのに曲がゆっくりなのはそのためです。一緒になれたら自分の姿が消えちゃうという悲しい運命は、あえて黙っておくことにしましょうか。「ちょっぴりおませな低学年の女の子」のイメージですが、「読み聞かせのお母さん」もいいかもしれません。（岩下周二）

小さい頃、夜は明けているのに、なお空に残るお月さまを不思議に思いました。
大人になった今、『お月さまはお日さまに逢いたかったんだ！』と気づきました。（下司愉宇起）

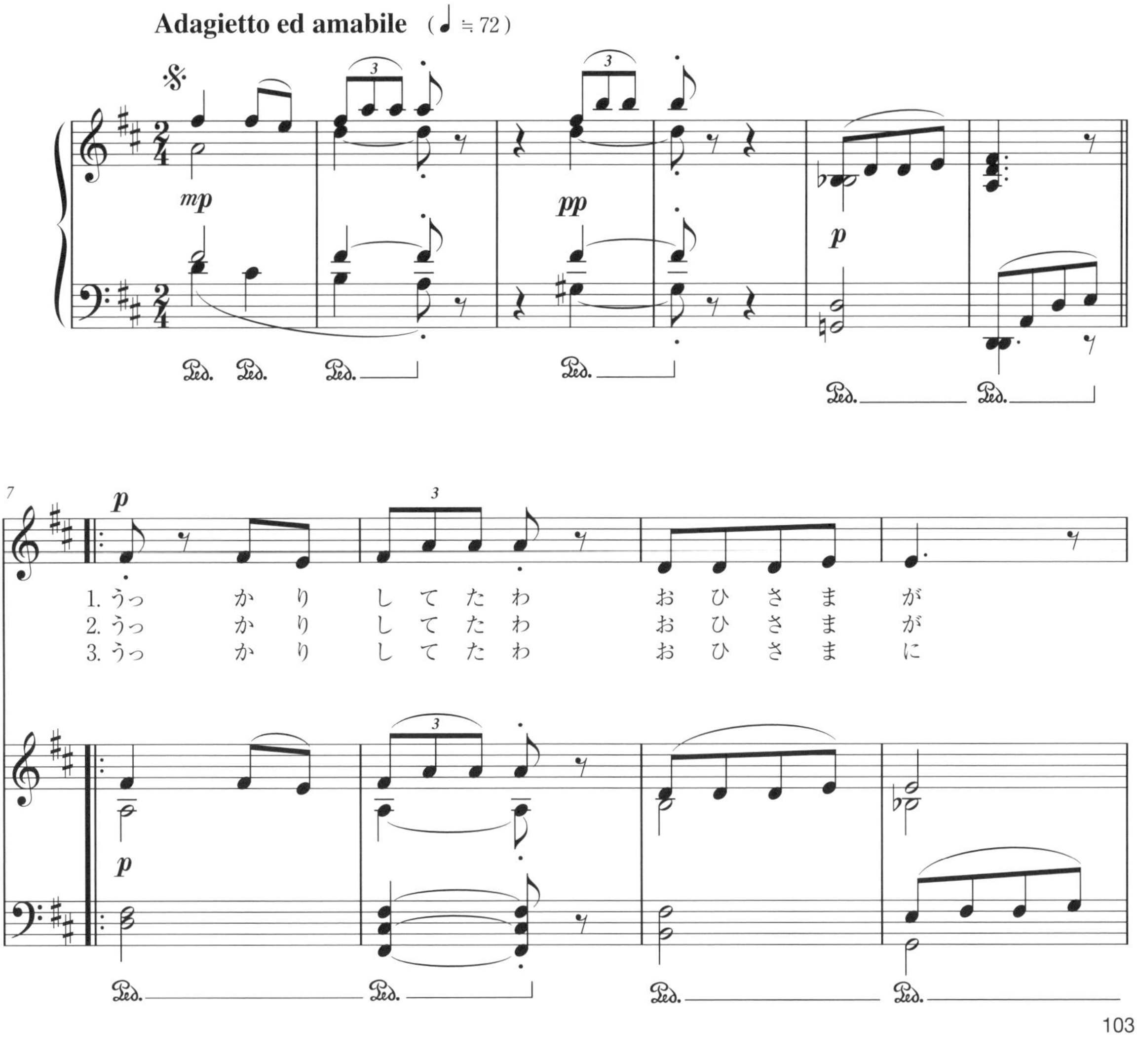

まだまだにしにいるじゃない
もうもうにうみにいるじゃない
にこにこふふふわらわれた
うっかりしてたわはやかった
うっかりしてたわかえらな
うっかりものってわらわれ
きゃ
たー
D.S.

ほ ん と の ほ ん と ほ ん と は ね
お ひ さ ま だ い す き いっ しょに い た い の
うっ か り も の の ふ り し て る の よ
poco riten.
píu Lento
8va

ともだちになろうよ！

下司愉宇起 作詞
塚本一実 作曲

作品へのコメント

Would you like to be my friend？を上手に歌ってね！（塚本一実）

（作詞者・下司愉宇起さんのコメントは108ページに掲載）

13
f
dolce
1.
p
つた えたいと おもうんだ ねぇ ー おかあさーん？
つた えたいと おもうんだ ねぇ ー
つた えたいと おもうんだ ねぇ ー
f
p dolce
17
2.
p
おとうさーん？
mf
f
22
3.
p
おほしさま？
3.
mf
mp
p

ともだちになろうよ！

下司愉宇起

一、イルカさんと　クジラさん
にているけれど
きもちってつたわるのかな？
きっと「ともだちになろうよ」
ってつたえたいとおもうんだ
ねぇ、おかあさん？

二、いたちさんと　ねずみさん
にているけれど
きもちってつたわるのかな？
きっと「ともだちになろうよ」
ってつたえたいとおもうんだ
ねぇ、おとうさん？

三、ひとみ青い　女の子
目があうけれど
きもちってつたわるのかな？
"Would you like to be my friend?"
つたえたいとおもうんだ
ねぇ、おほしさま？

作品へのコメント

世の中にはキャベツとレタス、タコとイカの様に、原産地は違うのに、なんとなく似ている生き物がたくさんいます。私たち人間もそうですね。種族の垣根を越えて、仲良くなれる世界を築きたいものです。（下司愉宇起）

空の色

おのゆうと

いつか見た　夕映え空の
あたたかさ　思い出して
これから見る　たくさんの
空の色を　思い描いて

ぼくらの前には
ぼくらのよろこび、夢が…
そこには　ほんの少しの
なみだや　戸惑いもあって

見上げた空に　飛行機雲
未来への道を　指し示す
いま、歩き出そうよ
ほほえみ　かさねながら

ふと、振り返れば
いままで出会った　たくさんの笑顔
やさしさも　愛しさも
切なさも　ぜんぶそこに

見上げた空に　茜雲
幼い　あの日のように
いま、歩き出そうよ
ほほえみ　かさねながら
たくさんの　思い出を
抱きしめながら

空の色
同声二部合唱

おのゆうと 作詞
望月竜太 作曲

作品へのコメント

どんなに時間が経とうとも褪せることのない、心に残る空の色。そして、これから見るであろうさまざまな表情の空の色。懐かしい思い出も未来への希望もどちらも一歩前に踏み出す原動力になるはずです。（おのゆうと）

弱起で始まるフレーズが多いです。休符をしっかりと感じて、拍の流れに乗って心をひとつに合唱しましょう。ソプラノ、アルト、そしてピアニストが互いの音を聴き合い、ハーモニーを紡ぎ上げ、自分たちらしい「空の色」を描いてください。また、間奏の尺を長めにしてあるので、学校行事等で演奏する場合は呼びかけを入れるなどの工夫をしていただくと効果があると思います。（望月竜太）

12
mp
これから 見る たくさんの
16
p
そらの いろを おもい えがいてー
20
Sop.
mp
ぼくらのー まえにはー ぼくらのよ
Alt.
mp
ぼくらのー まえにはー ぼくらのよ

23
ろ こ び ゆめ が… そ こ に は ー ほ ん の
ろ こ び ゆめ が… そ こ に は ー ほ ん の
26
p cresc.
f
す こ し の ー なみだやー と ま ど い も あ っ て 見 上
p cresc.
f
す こ し の ー なみだやー と ま ど い も あ って 見 上
p cresc.
f
29
げ た そ ら に ー ひ こう き ぐ も ー み ら い へ
げ た そ ら に ー ひ こう き ぐ も ー み ら い へ

31
mf
のみちをさししめすー
Ah
mf
のーみちさししめすーいまーあるき
mf
34
f
ほほえみかさねながら
f
だそうよーほほえみかさねながら
f
37
40
meno f

ふ と ふ り か え れ ば ー い ま ま で で
ふ と ふ り か え れ ば ー い ま ま で で
会 っ た た く さ ん の え が お やさしさも い
会 っ た た く さ ん の え が お やさしさも い

55
p
cresc.
f
と し さ も ー　せつ　な さ も ー　ぜ ん ぶ　そ こ に ー　見 上
p
cresc.
f
と し さ も ー　せつ　な さ も ー　ぜ ん ぶ　そ　こ　に　見 上
p cresc.
f
58
げ た そ ら に ー　あ　か　ね　ぐ も ー　お　さ な い ー　あ　の　日
げ た そ ら に ー　あ　か　ね　ぐ も ー　お　さ な い　あ の 日
61
mf
f
の　よ う に ー　Ah　ほ ほ
mf
f
の　よ う に ー　い　ま　ー あ る き　だ そ う よ ー　ほ ほ
mf
f

64
mf
えみ　かさねながら　たく　さんのー　おもいで
えみ　かさねながら　たくさんのおもいで
mf
cresc.
67
ff
rit.
a tempo
non dim.
を　だきしめながら　ー
を　だきしめながら　ー
ff
70
poco rit.
dim.
3

対象　小学校高学年から大人まで

小さな手

江上恵子　作詞
江上恵子　作曲

作品へのコメント

みなさんはそのかわいらしい手を使って、絵をかいたり、楽器を演奏したり、いろいろなことをしていますね。「一番好きなことは、時間をかけてゆっくりさがしてね」という気持ちを込めて、この歌を作りました。（江上恵子）

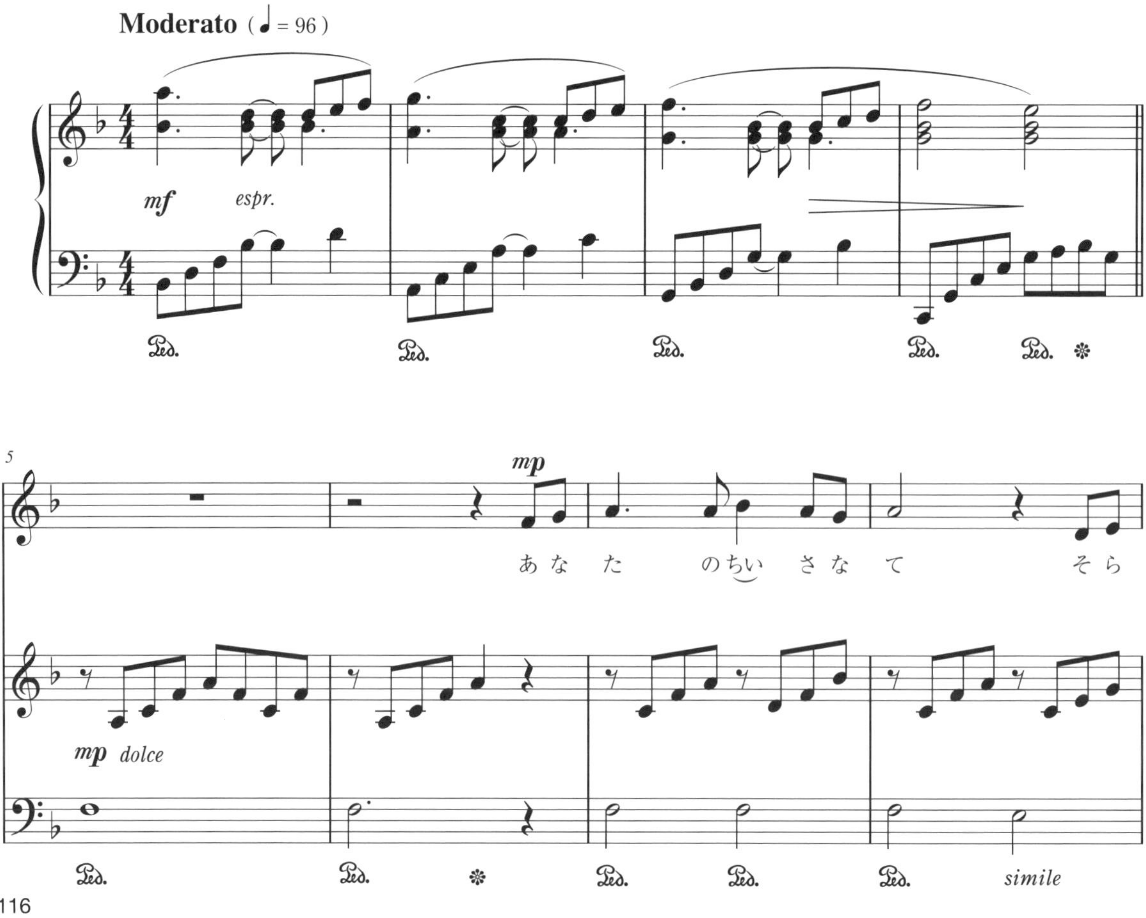

9
に かざ すと き なに を もとめ なに を つかむ ひか
13
mp
り かがやくみら い あな た のちい さな て かぜ
mp
Ped. ✻ Ped. Ped. Ped. simile
17
に かじかむと き つか ん だもの とき に こぼし なみ
21
mf
だ ながすだろ う ゆ め を おい かけるのは
mf
Ped. ✻ Ped. Ped. Ped. ✻

25
cresc.
f
すばらしいこと だけど いまそれが みつからなくても
cresc.
f
Ped. Ped. Ped. simile
29
mp
はずかしいことじゃ ないんだよ ー わた
mp
Ped. Ped. Ped. Ped.
33
しのおおきなて なにも もたないけど あな
Ped. Ped. Ped. simile
37
たのてを そっと つつみ あたためることはできる あな
Ped. Ped.

小さな手

江上恵子

あなたの小さな手　空にかざす時
何を求め何をつかむ　光かがやく未来
あなたの小さな手　風にかじかむ時
つかんだもの時にこぼし　涙流すだろう

夢を追いかけるのは　すばらしいこと
だけど今それが見つからなくても
はずかしいことじゃないんだよ

わたしの大きな手　何も持たないけど
あなたの手をそっとつつみ　あたためることはできる
あなたの中の夢のたまご　ひよこにかえるまで

希　う

関戸由佳 作詞
関戸由佳 作曲

作品へのコメント

これから先の未来を生きていく子供たちへ、どんな困難があっても希望をもって強く生き抜いて欲しいとそう希（こいねが）い、作詞作曲しました。
誰もが誰かにとっての宝物の存在、そして音楽家は「心の医療従事者」になれるとそう信じ、この曲が多くの人の心を救う作品でありますように。（関戸由佳）

あたりまえ じゃな い い つ も
う しないそう になるけど Uh
う しないそう になるけど Uh
きみがそばにいる こ と
きみがそばにいる と つよく つよく こころ にーひめ たー
そばにいるこ と つよく つよく こころ にーひめ たー
Più mosso
Ah
しあわせの かーた ち そら たかくて
しあわせの かーた ち そら たかくて

24
Uh あのこえにめをそらさずみ
をのばしさけんでいるあのこえにめをそらさずみ
をのばしさけんでいるあのこえにめをそらさずみ
28
みをすませえるいのちともしびよ
みをすませすくえるーいのちのともしびよじぶ
stringendo
みをすませすくえるーいのちのともしびよじぶ
31
んらーしくいーきるためにきみはもがきくるーしみまーよ
んらーしくいーきるためにきみはもがきくるーしみまーよ

34
うだろうーけど きずつけーあうたーめにうまれてないわす
うだろうーけど きずつけーあうたーめにうまれてないわす
37
れなーいでぼーくがいること そのままのき
れなーいでぼーくがいること そのままのき
40
みでいい たよるゆうーきにかえて いきて
みでいい たよるゆうーきにかえて いきて

43
47
mf
51
allarg.
cantabile
sfz
a tempo
54
mf Grazioso
はてなくおもーう このみちは と
mf
はてなくおもーう このみちは と
mf

58
きみへとつ ながる そら へ
mf
mp
きにーけわしくあ しがすくむ Uh
mp
きにーけわしくあ しがすくむ Uh
62
つのるおもいを はせて
つのるおもいはせ て ときは ながれ ひか り はーさす とー
おもいはせ て ときは ながれ ひか り はーさす とー
66
Maestoso
Ah
p
mf
みらいをし んーじ て はな はさきみ
mf
みらいをし んーじ て はな はさきみ
mf

Uh　とり は うたう　かけ
ずはきよく　きせつはめーぐり　とり は うたう　かけ
ずはきよく　きせつはめーぐり　とり は うたう　かけ
がえのーない いのちあるもの　そんざいにきが ついて
がえのーない いのちあるもの　そんな そーんざいにきが ついて ひと
がえのーない いのちあるもの　そんな そーんざいにきが ついて ひと
が いーきる こーの せかいのなかで きみが のーぞむ ばーしょ
が いーきる こーの せかいのなかで きみが のーぞむ ばーしょ

79
へ ふみー だ せ ま も る べー き も のー は き み を つよく する だれ
へ ふみー だ せ ま も る べー き も のー は き み を つよく する だれ
82
も がー だ れ かー の た からも の その ま ま の き
も がー だ れ かー の た からも の その ま ま の き
85
み で い い この と きー を と も に い き ぬ こうー
み で い い この と きー を と も に い き ぬ こうー

88
ff きみ が いーきる こーの
ff きみ が いーきる こーの
allarg
sfz
ff
8vb
91
みちのどこかで きっと かーなしみーに ふれるーから ここ
みちのどこかで きっと かーなしみーに ふれるーから ここ
94
ろ はーわたしーが まもってみせる だれもがーだれ かーの
ろ はーわたしーが まもってみせる だれもがーだれ かーの

97
たからもの　ありのまま　いきてゆけ　きみ
たからもの　ありのまま　いきてゆけ　きみ
100
のしーあわせをこ　い　ねがうー
のしーあわせをこ　い　ねがうー
mf
103
mp
106
rit.

もうすぐ夜明け

小泉喜美子 作詞
上田ますみ 作曲

作品へのコメント

合唱曲なので歌唱のボリュームに期待して、前半と後半の雰囲気を思いきってガラッと変えてみました。
後半部分はリズムにのって、元気に明るく歌いあげてください。（上田ますみ）

★前半はしみじみと、後半はリズムを感じながら

12
は (だあれ だあれ だあれ) だれかしら ー
は (こえだで こえだで こえだで) あくびした ー
の (なかを なかを なかを) とおりぬけ ー
8vb
8vb
16
(メゾ)u- u- u- u-
かぜさん かしらー ことりさん おひさまき
あさはさ わさわー いそがしそう おひさます
とおいお そらにー はしっていく あさのひか
20
to Coda
らりー きらりー おはようさん おはようさん
らっとー すらっとー 立ちあがる 立ちあがる
りをー ひかりを とどけるの とどけるの
8va
8vb
Coda
24
8va
15ma
8vb

希う

関戸由佳

心の距離は見えなくて
見失いそうになるけど
当たり前じゃない
いつも君がそばにいること
強く強く心に秘めた
しあわせのかたち

空高く手を伸ばし
叫んでいるあの声に
目をそらさず耳をすませ
救える命の灯よ

自分らしく生きるために
君はもがき苦しみ迷うだろうけど
傷つけあうために生まれてない
忘れないで僕がいること
そのままの君でいい
頼る勇気に変えて生きて

果てなく思うこの道は
時に険しく足がすくむ
君へとつながる空へ
つのる想いをはせて
時は流れ光はさすと
未来を信じて

花は咲き水は清く
季節は巡り鳥は歌う
かけがえのない命あるもの
そんな存在に気がついて

人が生きるこの世界の中で
君が望む場所へ踏み出せ
守るべきものは君を強くする
誰もが誰かの宝物
そのままの君でいい
この時を共に生き抜こう

君が生きるこの道の
どこかできっと
悲しみに触れるから
心は私が守ってみせる
誰もが誰かの宝物
ありのまま生きてゆけ
君の幸せを希う

もうすぐ夜明け

小泉喜美子

もうすぐ夜明け　歌ってる
あなたはだあれ　誰かしら
風さんかしら　小鳥さん
お日様きらり　おはようさん

ちっちゃな葉っぱ　手を振った
小鳥は小枝で　あくびした
朝はさわさわ忙しそう
お日様すらっと　立ち上がる

どこまでいくの　空遠く
林の中を　通り抜け
遠いお空に　走っていく
朝の光を　届けるの

踏み出そう！

『全日本児童音楽協会 第1回 新しい子どものうた作詞コンクール』
子どもの部 チューリップ賞(最優秀賞)受賞作品

リコピン 作詞
安元 麦 作曲

作品へのコメント

未来に向けた自分への励ましや、これからの将来に対するワクワクを表現しました。
1つ目は、海と大きな青い空をイメージし、雲の間を優雅に飛ぶカモメの気持ちになりきって書きました。
2つ目は、どこまでも続く広い海をイメージし、スイスイと気持ちよく泳ぐイルカの気持ちになりきって書きました。（リコピン）

とにかく爽やかにはつらつと、元気よく歌いましょう！（安元　麦）

14
mf
この ー おおきな ーそらを ー
mp
18
はばたく ように ー
22
mp
mf
ゆ ーー ー めーを ひろげて いこ うー
p
26
mp
ゆめを ひろげて いこ
p
3
Ped.
Ped.
Ped.

29
う
poco a poco cresc.
Ped.
31
mp
f
ff
わ た し た ち の か のう せい は む げ
simile
3
Ped.
34
ん だ い ー さ あ に じ
L.H.
R.H.
3
mp
f
Ped.
37
f
の む こう へ ー
L.H.
f
mp
Ped.

molto rit.
Allegretto (♩ = 100 ca.)
いつ
までも ーつづく
colla parte
うみ
うみを
およぐ

よう に みらいを
ひろげていこう ー わ
たしたちの ーかのうせいは ーむげん
だいー ー さあしまの むこうへ

Allegro con brio (♩ = 160 ca.)
poco a poco cresc.
わ た し た ち の か の う せ い は む げ
simile
ん だ い ー さ あ し ま
L.H.
R.H.
の む こ う へ ー ー
L.H.
sempre

踏み出そう！

リコピン

一、この大きな空を　羽ばたくように
夢をひろげていこう！
私たちの可能性は無限大
さあ　虹の向こうへ

二、いつまでも続く海を　泳ぐように
未来を広げていこう！
私たちの可能性は無限大
さあ　島の向こうへ

未来につなげ

『全日本児童音楽協会 第1回 新しい子どものうた作詞コンクール』
子どもの部 こいのぼり賞(優秀賞)受賞作品

入山結衣 作詞
加藤新平 作曲

作品へのコメント

この詞は、コロナ禍で気持ちが暗くなりがちな状況の中でも、人々が希望を持って前を向いて進めるよう背中を押せる歌になったらいいなという思いを込めて作りました。（入山結衣）

12
mf
だ　ほら　よくみてごらん　みの　なかにたね
16
が　みらい　へのいのち　つなげて　ゆこ
20
う　そらたかく　つなげてー　ラララ　わらお
24
う　そらのひろさにまけない　くらいにー　ラララ　てをつ

28
mf
なごうー　ここ　ろ　と　ーこころ　を　かよ　わ　せて
mf
f
32
mf
36
p
あめ　の　ひ　の　そら
p
39
は　くら　くてちょっ　とこわい　な　でも

42
mp
3
mf
ね それは いのち が いきて いる ーしょうこ だ ほ
mp
46
ら よく きいて ご らん あ ま つぶのメロ
mf
49
ディ みらい へのいのち は
52
f
ず ま せ て そらたかく はずませてー ララ
f

56
ラ とぼう みらいをめがけてーララ
60
ラ おどろう おんがくにのせておもう ままに
64
mf
ーみらい へのいのち つなげて ゆこ
68
f
rit.
う つなげてゆこう
mp
p

未来につなげ

入山結衣

一、枯れた花を見ると
なんだか　悲しくなるね
でもね　それは
花が生きた証拠だ
ほら　よく見てごらん
実の中に種が
未来への命　つなげてゆこう
空高くつなげて

ラララ
わらおう
空の広さに負けないくらいに

ラララ
手をつなごう
心と心を通わせて

二、雨の日の空は
くらくて　ちょっと怖いな
でもね　それは
命が　生きている証拠だ
ほら　よく聞いてごらん
雨粒のメロディー
未来への命　弾ませて
空高く　弾ませて

ラララ
跳ぼう　未来をめがけて

ラララ
踊ろう
音楽にのせて　思うままに

未来への命
つなげてゆこう

はるのうた

『全日本児童音楽協会 第1回 新しい子どものうた作詞コンクール』
子どもの部 すいか賞（佳作）受賞作品

ブルーミング・レイ 作詞
ブルーミング・レイ 作曲
新藤理恵 補作曲

作品への
コメント

「はるのうた」は、作者が通う幼稚園でも馴染み深い、自然豊かな公園で日頃から過ごす中で育まれた情景を、作者が自宅で思い浮かべながら歌にして表現したものです。その情景を「はるのうた」の作者本人が色鉛筆で表現した絵を裏表紙（表4）に添えて、作品説明に代えさせていただききます。

（ブルーミング・レイ保護者）

※ 歌詞は2回繰り返します。

はるのうた

ブルーミング・レイ

はるの　そよかぜ
ふくふくよ
き　から　おはなが
ぱらぱらり
くもの　あいだに
おひさまでるよ
とりが　ぱたぱた
とんでくよ

あなたが産まれた朝に

『全日本児童音楽協会 第1回 新しい子どものうた作詞コンクール』
大人・一般の部 チューリップ賞（最優秀賞）受賞作品

鳥羽山美和 作詞
小林聡羅 作曲

作品へのコメント

コロナウィルスの脅威は大人だけでなく、赤ちゃんにも降りかかりました。ママやパパ、大切な人といつ離ればなれになってもおかしくない、そして自分だって。そんな不安の中で過ごす子ども達に、応援歌を作りたいと考えました。

でも想いを言葉にするって、とても難しい。そう考えていた時、ふと数年前に出会ったヒヨドリの親子のことを思い出しました。

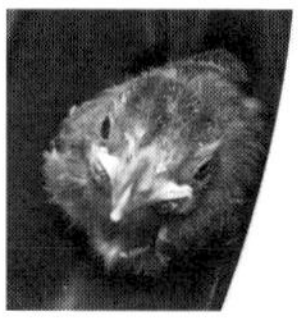

飛行訓練で失敗したのでしょうか。自宅の車の上で放心しているヒナと、ヒナの上でくるくる旋回している親鳥。そして、突然思い立ったように飛び立ったヒナ、慌てて我が子を追いかける親鳥。「良かったね！良かったね！」と言っているかのような、いつもより甲高くピーピー鳴く母鳥のその喜びようったら！

その姿に「子どもを想う、親の想いはみんな同じ」。本当にそう思えた出来事でした。そんな母鳥のヒナへの想いを重ね、詞を書きたいと思いました。（鳥羽山美和）

あなたに げんき を くれるでしょう だから
いつでも まえむい て ゆう きを
だ して だ いじょ う ぶ あなた が ーうまれ
てき たー あさ に かあ さん ほんのり かんじたの

28
やさしいかぜ と ゆれるこのはは がんばる あなた を
32
mp mf
つつみます だから ときどき つ かれ た
36
f mf
ら こかげの した で や すん で
40
mp
ね あなた

が ーうまれてきたー あさに かあさん しあわせ
かみしめた つぶらなひとみの おおきなめ すてきな
みらい を ゆめみてる あなたがー いつか
す だつまで かあさん そばに

あなたが産まれた朝に

鳥羽山美和

あなたが産まれてきた朝に
母さんいっぱい感じたの
青いお空とお陽さまは
あなたに元気をくれるでしょう
だからいつでも前向いて
勇気を出して　大丈夫

あなたが産まれてきた朝に
母さんほんのり感じたの
優しい風と揺れる木の葉は
頑張るあなたをつつみます
だから時々疲れたら
こかげの下で　休んでね

あなたが産まれてきた朝に
母さん幸せかみしめた
つぶらな瞳の大きな目
素敵な未来を夢見てる
あなたがいつか巣立つまで
母さん側にいるからね

そらとうみとおほしさま

『全日本児童音楽協会 第1回 新しい子どものうた作詞コンクール』
大人の部・一般の部 こいのぼり賞(優秀賞)受賞作品

とりをなみ 作詞
上田ますみ 作曲

作品へのコメント

はるか昔に子供時代を通り過ぎ、大人になった私達が、今を生きる子供たちに伝えたいことって何だろう。

生きるって、楽しい、嬉しい事ばかりじゃなく、逃げ出したくなったり、時には消えてしまいたくなる事だってある。

空はどんな遠くへもつながっている。
海はどこまでも広がり、流してくれる。
星は優しい瞬きで見つめてくれている。
はるか昔から変わらずに。

生きていれば明日は必ず来る。
孤独にくじけそうな時でも、見えないだけで誰かと繋がっている。（とりをなみ）

こいのぼり賞（優秀賞）おめでとうございます。すてきな詩に出会うことができた幸せを感じます。
少し不思議な雰囲気を含みながら、３番の「まだみぬともだちにあわせてくれる」にむかって歌ってみてください。（上田ますみ）

★想いをこめて

※小音符は3番
mp
7
さけんでみ よ う　お そ ら に　う れ し さ
さけんでみ よ う　な み だ が　か な し み
はなしてみ よ う　ほ し の　ま た た き
10
※小音符は2番
ひ ろ が っ て　と お く の　と ー も だ ち
つ れ さ っ て　な み だ を　う み
な ぐ さ め て　ま だ み ぬ　と ー も だ ち
8va
8vb
13
to 𝄌
に　と ど け て　く　れ　る
で　う す め て　く　れ　る
に　あ わ せ て　く　れ

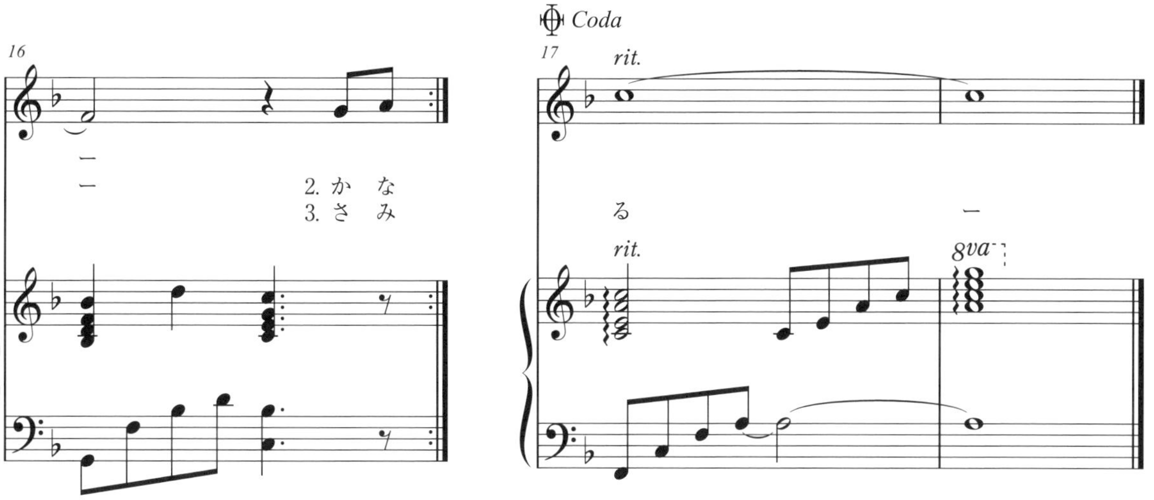

そらとうみとおほしさま

とりをなみ

一、うれしいことがあったなら
おそらにおおきくさけんでみよう
おそらにうれしさひろがって
とおくのともだちにとどけてくれる

二、かなしいことがあったなら
うみにおおきくさけんでみよう
なみだがかなしみつれさって
なみだをうみでうすめてくれる

三、さみしいことがあったなら
ほしにしずかにはなしてみよう
ほしのまたたきなぐさめて
まだみぬともだちにあわせてくれる

ぼくはぞうだぞう

『全日本児童音楽協会 第1回 新しい子どものうた作詞コンクール』
大人の部・一般の部 ゴロちゃん賞（審査員特別賞）受賞作品

鈴木紀代 作詞
塚本一実 作曲

作品へのコメント

わんぱく盛りの男の子が、象になりきって強さを振りまいて遊んでいるときに、自分より弱く、泣いている子に出くわしたら、見過ごすのではなく、すぐに助けに行く心の強さ、やさしさ、友情をくみ取っていただけたら大変嬉しいです。

（鈴木紀代）

「ぼくはぞうだぞう」の「ぞう」という言葉の表情や、出現するタイミングを大切にしましょう。インドの音階、मारवाड़ तीखा（マールワー・タート）、मकम नवासल（マカーム・ナワサル）が現れます。

（塚本一実）

f por. por.
ぞう ぞう ぞう ぞう ぞう
f
ぼ く は お・と こ だぞう げ ん き だぞう
ちょう ど ー さ ん じ だぞう お・や つ だぞう ぞう ぞう ぞう
※「お・」はスタッカートで歌う。以下同様。
f
con Ped.
ぞう ぞ う
お な か が す い た ぞ う お・ひ ー る ご・は ん だ ぞ う
ニ・コ ニ・コ が お だ ぞ う ク リ ー ム パン ー だ ー ぞ う
ぞ う ぞう
も り も り た べ る ぞ う ご・ち そう ー さ ま だ
す き す き す き だ ぞ う ぞう ぞう ぞう ぺ・ロ リ と た べ た

21
ぞ う ぞう ぞう ぞう ぞう ぞう
ぞ う あ・そ び にい・くぞう た の し いぞう
ぞ う ち・か ら がで・たぞう ほん ー と だぞう ぞう ぞうぞう
25
1.
ぞう ぞう ー
ぼ く はぞう だ ぞう ー मारवाड़ तीखा
（マールワー・タート）
sub.p
cresc.
29
2.
Tonality
f
sub.p

33
悲しげに
meno mosso
p
poco rit.
だ れ か
dim.
pp
p
38
p por.
ぞう
por.
ぞう
ぞう ぞう ぞう
こ ろ ん だぞう
な い て るぞう
ぞう ぞう ぞう
す ぐ ー に い ま い く
42
poco accel.
ぞう
元気よく ♩ = 120 ca.
f
ぞ う
ぞ う
f
まっ て い る ん だ
ぞ う
つ よ い
poco accel.
f

46
ぞ う ぞう ぞ う
ぞ う ぞう ぞうぞう ぼ く が つ い て る ぞ う
50
ぞう ぞう ぞう ぞう ぞう
ひ・と り じゃな い ぞう と も だ ち だ ぞう ぞう ぞう ぞう
53
ぞう ぞう ー
ぼ く はぞう だ ぞう ー
मकम नवासल
（マカーム・ナワサル）
mp
dim. e poco rit
pp

ぼくはぞうだぞう

鈴木紀代

一、ぼくはおとこだぞう　げんきだぞう
ぞうぞうぞう　おなかがすいたぞう
おひるごはんだぞう　もりもりたべるぞう
ぞうぞうぞう　ごちそうさまだぞう
あそびにいくぞう　たのしいぞう
ぞうぞうぞう　ぼくはぞうだぞう

二、ちょうどさんじだぞう　おやつだぞう
ぞうぞうぞう　ニコニコがおだぞう
クリームパンだぞう　すきすきすきだぞう
ぞうぞうぞう　ペロリとたべたぞう
ちからがでたぞう　ほんとだぞう
ぞうぞうぞう　ぼくはぞうだぞう

三、だれかころんだぞう　ないてるぞう
ぞうぞうぞう　すぐにいまいくぞう
まっているんだぞう　つよいぞう
ぞうぞうぞう　ぼくがついてるぞう
ひとりじゃないぞう　ともだちだぞう
ぞうぞうぞう　ぼくはぞうだぞう

ザ・かえる・オーケストラ

だてしゅん

なにを　奏でて　くれるのですか
ケロケロ　カエルの　オーケストラ
そろいの　みどりは　アマガエル
ちっちゃな　おてては　マンドリン

指揮を　とるのは　トノサマガエル
ケロケロ　カエルの　オーケストラ
背中は　たてじま　タキシード
なかまは　ラッパが　にあいます

ひびく　低音　コントラバスか
ケロケロ　カエルの　オーケストラ
まかせて　おくれよ　ウシガエル
落ち着き　はらって　弦さばき

ザ・かえる・オーケストラ

全日本児童音楽協会 創立60周年記念曲

だてしゅん 作詞
新藤理恵 作曲

作品へのコメント

2002年に、作詞者のだてしゅん（古舘多加志）さんより依頼され作曲しました。

2003年に刊行された作詞者の童謡・愛唱歌作詩選集「歌林さんぽⅡ」に収録されています。私にとっては初めて発表した子どもの歌です。

カエルたちが音楽を奏でている様子を想像しながら楽しく歌ってください。

（新藤理恵）

8
f
オー　ケストラ　そろいのみどりは　アマガエル
オー　ケストラ　せなかはたてじま　タキシード
オー　ケストラ　まかせておくれよ　ウシガエル
11
mf
to
1.
2.
ちっちゃなおててはマンドリン
なかまはラッパが　にあいます
おちつきはらって
14
f
mf
D.S.
Coda
18
げんさばき

なみはけしごむ

全日本児童音楽協会 創立60周年記念曲

岩城　健 作詞
宝積侑子 作曲

なみはけしごむ

岩城　健

なみは　けしごむ
えきたいの　けしごむ
すなはまの
ぼくの　あしあと
サラッ　と　けした

なみは　けしごむ
とうめいの　けしごむ
ももいろの
かいの　ひとつが
キラッ　と　ひかった

なみは　けしごむ
まほうの　けしごむ
あるいてた
かにを　どこかへ
スウッ　と　けした

なみは　けしごむ
とうめいの　けしごむ
ゆうやけの
ルビーの　おそらに
サッ　と　そまった

庭の木蓮

全日本児童音楽協会 創立60周年記念曲

下司愉宇起 作詞
青島広志 作曲

作品へのコメント

詩人から依頼を受けて二部合唱に作曲しました。さまざまに転調するのは詩の気分に従ったためです。もし一人で歌う場合は、その人の声に合わせて移調してください。（長二度下げるのが適当だと思います）（青島広志）

Hanna　No.30　2017年10月号巻末楽譜として付録掲載された作品で、青島広志先生に作曲を委嘱しました。巧みな転調と、『来年こそは会えるかもしれない』という物語が続くような、完結しない終わりが非常にユニークです。

子どもから大人まで、独唱から小アンサンブル、大合唱まで、さまざまなスタイルの演奏でお楽しみください。（下司愉宇起）

B
dolce
(1.) それからまいとし せいくらべ
きょねんはぼくが たかかーったけど ことしはもうね
dim.
cresc.
きょねんは たかかーったけど こ ーとしは
おなじくらいだ らい年はきっと ぬかれちゃうかなー
riten.
sub.p
a tempo

C
Coda
p dolce
L.H.
mp
p
(2.) こ としはできない せ いくらべ
にわのもくれん き みはどうかな こ としもぼくは
mf
dim.
cresc.
もくれん き みはどうかな こ ー としも
ちょっぴりのびたよ ー ら い年はきっ と あいにいくからね
f
riten.
sub. p
a tempo
meno mosso
L.H. marcato

庭《にわ》の木蓮《もくれん》

下司愉宇起

一、庭の木蓮　今年《ことし》も咲《さ》いた
パパがお家《うち》を建《た》てたとき
一緒《いっしょ》に植《う》えた　その木蓮

それから毎年《まいとし》背《せい》くらべ

去年《きょねん》はぼくが　高《たか》かったけど
今年《ことし》はもうね　同《おな》じくらいだ

来年《らいねん》はきっと抜《ぬ》かれちゃうかな

二、庭の木蓮　今年はどうかな
パパのお仕事《しごと》転勤《てんきん》で
咲《さ》いたかどうか　わからない

今年はできない背くらべ

庭の木蓮　きみはどうかな？
今年もぼくは　ちょっぴり伸《の》びたよ

来年はきっと会《あ》いに行《い》くからね

母の思い出

全日本児童音楽協会 創立60周年記念曲

宍戸幽香里 作詞
宍戸幽香里 作曲

作品へのコメント

母との思い出は数々ありますが、私が鮮明に思い出すのは、「埔里《ぶり》にいた時はね…」と笑みをたたえながら穏やかに語る口調と顔の表情です。少女時代、海の向こうに夢をはせていた母は、台湾の埔里の診療所に勤務している男性（父）と結婚し、父の仕事（原住民部落の衛生・健康管理と病気治療等）を助けながら、部落の女性たちから料理を習うことで、心を通わすことができた由。終戦後の引き上げ船で、命を落とした乳幼児が水葬される様は、母の脳裏から一生離れることはなく、道端のお地蔵さんにも手を合わせながら「戦争は全てのものを破壊する。戦争は絶対してはならない」とつぶやいていました。戦後の生活の過酷さは、埔里での生活の困難さを超えるもので、晩年は埔里での生活を度々私に話していました。埔里はビーフン発祥の地、ビーフンを料理することが母の心を支えていたのかもしれません。子どもや孫の世代までもが平和であることを願いつつ、この歌が日台交流の懸け橋になる事を、台湾の知人も期待しており、中国語にも翻訳して下さいました。この歌は、いろいろな楽器で演奏すると趣の違いを楽しむことができます。（宍戸幽香里）

13
と き ど き つ く る ビ ー フ ン で し た
う み の む こ う に お も い を は せ て
お よ め に い っ た 埔(ぷ) ー 里(り) の む ー ら
な み だ に く れ て だ ー き ー あ っ た
Dm Am Gm/B♭ Dm
17
な ぜ か い ー つ も ち が う あ じ
い っ て み た い な よ そ の く に
ゆ た か に み ー の る や ま の さ ち
た の し い ひ ー び は お も い で に
C F B♭ Bdim7
21
1. 2.
きょ ー う の お あ じ は ど ん な で しょう
こ ー こ ろ は ず ま せ ゆ め を み る
お い し い りょ う り に
い ー ま も し あ わ せ
F/C B♭ Csus4 C7 F

母の思い出

宍戸幽香里

一、何にも ない 時 ごちそうは
ときどき つくる ビーフン でした
なぜか いつも 違う味
今日の お味は どんなでしょう

二、船が 行き交う 海峡の
海の 向こうに 思いを はせて
行って みたいな よその国
こころ 弾ませ 夢を見る

三、かすかに 見える 島の かげ
お嫁に 行った 埔里の むら
豊かに みのる 山の幸
おいしい 料理に 魅せられて

四、むらの 人との 別れの 日
涙に くれて 抱き合った
楽しい 日々は 思い出に
今も しあわせ 夢の中

憶母曲（中国語）

閻麗妮

6 6 6 6 / 1 1 6 6 / 2 2 4 / 5 - - ⌇ / 4 4 6 6 / 5 6 3 - /

1. 物資匱乏／年　代／享用的美／食／是您費心／做　的／

2. 船隻來往／交　錯／繁忙的海／峽／海洋的／另一邊兒／

3. 微微浮現／濛濛可見／一座蕞爾／島／初做人婦／新嫁娘／

4. 道別時光／依依不捨／家人般村／民／淚珠滴滴／流不停／

5 5 4 5 / 4 3 2 - / 5 5 4 3 / 6 6 5 4 / 7 7 7 1 / 2 - - - /

1. 可口的／米　粉／巧手烹煮／用心變化／滋味都不／同

2. 有我濃濃／的鄉愁／夢中不斷／波動的心／陌生的他／人

3. 隨風遠颺／到埔里／風和日麗／物產豐隆／山城好地／方

4. 道別時刻／終來臨／歡樂喜悅／温暖時光／不時回想／起

1 1 6 4 / 2 2 2 4 / 5 5 6 5 / 4 - - -

1. 今日做的／米　粉／又是何風／味

2. 且　看吧／我這禁錮／心靈都解／放

3. 風味獨特／美味料理／温暖孩兒／心

4. 至今依然／午夜夢迴／激盪在我／心

ぼくが鳥になったら

全日本児童音楽協会 創立60周年記念曲

西多賀ベッドスクール児童 作詞
松村禎三 作曲
塚本一実 編曲

作品へのコメント

とても素敵な曲です。雰囲気を味わいながら、イメージしながら、音をよく聴いて歌いましょう！（塚本一実）

9
Narration 空の上でね、大きなライオンにあったよ
ぼくは病気のこどもだよ
お前はなんだい？
p
H.Ped. H.Ped. H.Ped. H.Ped. H.Ped. H.Ped. H.Ped.
simile H.Ped.
13
そうだよ。
どうしてかって言うと、ぼくもう歩けないんだ
病気のこども？
17
Solo
mf
すずめ とかくれんぼ しよう
つばめ とおにごっこ しよう
mp

21
あおい えだの うえにと まろ いいこ えでない て みよう
25
p
humming
Tutti
mf
ぼくが とりに なったら ぼくが そらを とんだら
mf
29
あさひ のなかで ひかるだろう かぜのな かであそぶだろう

33
Narration 真っ白いライオンがね 青い空のなかを走ってゆくんだよ、向こうの方へ 一緒にゆきたいけど、
37
ぼくはゆけないんだ どうしてかって言うとぼく走れないんだ 小さい時にね、走ったことあるよ、
40
すごく速く
Poco più mosso
ぼく走りたいな、一緒にゆきたいな、走りたいな
Tutti
ぼ く が と り に

43
なったら　ぼくが　そらを　とんだら　あさひ　のなかで　ひ
Ped.
47
かるだろう　かぜのなかであそぶだろう
Ped.
50
mf
すずめとかくれんぼ　しよう　つばめとおにごっこ　しよう
H.Ped.
simile

あおい えだの うえにと まろ いいこ えでない て みよう
ぼくが とりに なったら ぼくが そらを とんだら
あさひ のなかで ひかるだろう かぜのな かであそ ぶだろう

ぼくが鳥になったら

西多賀ベッドスクール児童

〈詩〉

ぼくが鳥になったら
ぼくが空をとんだら
朝日のなかで光るだろう
風のなかであそぶだろう

すずめとかくれんぼしよう
つばめと鬼ごっこしよう
青い枝の上にとまろう
いい声でないてみよう

（ぼくが鳥になったら）

〈語り〉
空の上でね　大きなライオンにあったよ
お前はなんだい?
ぼくは病気のこどもだよ
病気のこども?
そうだよ
どうしてかって言うと　ぼくもう歩けないんだ

真っ白いライオンがね
青い空のなかを走ってゆくんだよ　向こうの方へ
一緒にゆきたいけど　ぼくはゆけないんだ
どうしてかって言うとぼく走れないんだ
小さい時にね　走ったことあるよ　すごく速く
ぼく走りたいな　一緒にゆきたいな　走りたいな

ゆずの木

杉山かずひで

ゆずの木緑の　葉がのびて
白いお花が　さいてます
お花のあとには　青い実が
緑のはっぱに　かくれてる

ゆずの木すずめが　飛んできて
はっぱのかげから　顔をだす
とげがたくさん　あるけれど
けがなどしないで　あそんでね

ゆずの木黄色く　色づいて
風が静かに　吹いてくる
あたり一面　広がった
ゆずの香りが　すてきだね

ゆずの木すっかり　雪化粧
緑のはっぱが　こごえてる
寒さなんかに　負けないで
しんぼうする木に　花が咲く

ゆずの木

全日本児童音楽協会 創立60周年記念曲

杉山かずひで 作詞
上田ますみ 作曲

作品へのコメント

杉山かずひで先生のすばらしい詩に誘われて、あっという間に出来上がった記憶があります。
シンプルなメロディラインなのでピアノはふんわりとした音色でまとめてみました。言葉の意味をかみしめながら丁寧に歌っていただけるとうれしいです。（上田ますみ）

9
(𝄾)
V
おはなのあとにはあおい実がみどりのはっぱにかくれて
とげがたくさんあるけれどけがなどしないであそんで
あたりいちめんひろがったゆずのーかおりがすてきだ
さむさなんかにまけないでしんぼうする木にはなが咲
13
1. 2.
3.
る
ね
ね
17
4.
く
8va
rit.

全日本児童音楽協会
作詞・作曲会員募集のご案内

本会は、毎年「新しい子どもの歌」曲集の発刊、「新しい子どもの歌コンサート」、「新しい子どものうた作詞コンクール」の開催などを行っています。
音楽の創造を目指す方には、良いチャンスでもあります。本会に入会を希望される方は、下記までお問い合わせください。

【連絡先】 全日本児童音楽協会　事務局

〒160-0023 東京都新宿区西新宿3-9-28-301
Office.SHIMOJISSIMO内
電話：03-6383-3936　FAX：03-6300-9937
Mail:info@zenjion.jp HP:http://zenjion.jp

新しい子どもの歌2021

令和3年8月30日 第1版第1刷

編・著者　全日本児童音楽協会
東京都新宿区西新宿3-9-28-301
Office.SHIMOJISSIMO内
電話：03-6383-3936 FAX:03-6300-9937

発　行　株式会社ハンナ
東京都目黒区中目黒3-6-4中目黒NNビル2F
電話：03-5721-5222

表紙イラスト：果那ときお
楽譜浄書・表紙デザイン：ディーセブン
印刷・製本：モリモト印刷株式会社

日本音楽著作権協会（出）許諾第2106318-101
（許諾番号の対象は、当該出版物中、当協会が許諾することのできる著作物に限られます）
 ISBN978-4-907121-32-7